Alexandra COIN

et

Erik KWAPINSKI

LA VOIE DU TALION

Ancien Testament. Lévitique 23, 20-21
« Fracture pour fracture
Dent pour dent
Œil pour œil
Il a blessé un homme
Il reçoit la même blessure
Il tue un animal
Répare
Il tue un homme
Il meurt
Même Justice pour tous »

« Laver le sang par le sang » (Proverbe japonais)

Prologue

Hiver 2010. Alpes-de-Haute-Provence

Le Japonais regarda son ami sortir de chez lui et se diriger vers sa Lada garée juste devant. Les feux arrière de la voiture disparurent après le virage serré, cent mètres plus bas. Il descendit du grand sapin qui lui avait servi de poste d'observation. Les branches étaient recouvertes de neige verglacée sans que cela semble le préoccuper.

Réception souple au pied de l'arbre.

Il suivit le petit sentier déneigé afin de ne laisser aucune trace de pas. De la démarche caractéristique des pratiquants d'arts martiaux de très haut niveau, il se dirigea vers le vieux chalet, style Grand Nord canadien, aux volets encore fermés.

D'une poche latérale de son sac à dos, il extirpa une lampe frontale qu'il positionna autour de son bonnet commando. L'antique serrure de la porte d'entrée ne posa aucun problème pour un professionnel tel que lui et, en moins d'une minute, il fut à l'intérieur. La lumière du puissant faisceau révéla un indescriptible capharnaüm. Ce décor à la *Seven* aurait rendu toute personne normale un peu nerveuse. Pas lui.

La lampe éclaira ce que Taisho cherchait : la porte de la cave. Il tourna la clé, puis la poignée. Aucun grincement à l'ouverture.

Un long escalier s'enfonçait dans les entrailles du chalet. Il ne toucha pas à l'interrupteur. Il connaissait l'existence du soupirail qui aurait pu trahir sa présence. La probabilité d'un

4

promeneur à cette heure était nulle, mais celle d'un observateur en planque ne l'était pas, malgré le repérage effectué au préalable. Or, Taisho ne s'en remettait jamais au hasard.

Continuant son exploration, il ne s'interrogea pas sur le contenu plus que surprenant de cette pièce. Il pivota la tête, balayant l'espace du faisceau de sa lampe.

Voilà… Il avait trouvé ce pour quoi il était là. Un congélateur...

Il l'ouvrit et découvrit l'intérieur.

Il était bien là…

En position plus ou moins fœtale…

Le corps congelé d'une femme qu'il ne connaissait que trop bien.

Sans perdre un instant, il étala un sac mortuaire militaire, isotherme, le dézippa et déposa le corps rigide recouvert de paillettes de glace.

Il ne lui fallut ensuite que quelques minutes pour sortir du chalet, verrouiller, poser le sac mortuaire à la forme involontairement ergonomique sur ses épaules et gagner au pas de course le parking-belvédère sur lequel il avait camouflé son 4X4, à l'abri des regards. Taisho quitta rapidement les hauteurs et les forêts avec son macabre chargement.

Durant le trajet qui séparait les alentours de Digne de son domicile sur le plateau de Caussols en pays grassois – deux heures environ – pas une seule fois il ne s'inquiéta d'un éventuel contrôle de gendarmerie. Sa profession lui avait permis de faire connaissance avec la plupart des gendarmes, douaniers et policiers de la région. À Nice et Cannes, il comptait aussi quelques commandants et commissaires de la

PJ parmi ses proches relations. Il n'empêche que personne dans tout ce beau monde ne pouvait faire ce qu'il était en train de faire et surtout ce qu'il lui resterait à faire prochainement.

Les kilomètres défilaient dans un silence parfait. Son éducation lui en avait appris la saveur et son expérience lui en avait démontré la valeur. Donc pas de musique, même si son véhicule était équipé d'un lecteur haut de gamme. La quadriphonie n'avait jamais retenti dans l'habitacle. La musique était pour lui un produit nocif. Une fuite pour ne pas se trouver en tête à tête avec soi-même, dans cet état de vacuité qui effraie tant d'individus, un générateur d'émotions artificielles, sans adéquation avec la réalité. Bref, pas zen du tout...

Lorsqu'il arriva chez lui, il actionna la télécommande de la porte de la grange aménagée qui lui servait, entre autres, de garage. Là encore, avec célérité, précision et un sang-froid total, il transféra le cadavre de la femme, du coffre vers un autre congélateur.

Chapitre 1

Au sommet de l'éperon rocheux, à flanc de falaise, la silhouette imposante de l'homme n'était pourtant qu'une forme insignifiante, une tâche à peine perceptible dans une nature qui n'avait pour limite que l'horizon. Tout autour, des rocs aiguisés et des conifères effilés se dressaient fièrement. Ultime mise en garde aux promeneurs intrépides.

Là, au lever du jour et à la tombée de la nuit, lorsque le temps s'y prêtait, Fabrice assistait à la lente révolution de la Terre autour du Soleil, en communion avec la montagne, ses yeux accrochés à la lumière évanescente. À contre-jour, il s'abandonnait à la solitude.

En cette fin d'après-midi, au-dessous de lui, les forêts de mélèzes déjà plongées dans l'obscurité formaient une masse sombre et inquiétante alors que la lumière barbouillait les sommets de teintes d'aquarelle.

C'était l'endroit et le moment qu'il préférait. Le point culminant, qui lui donnait un sentiment de maîtrise.

Bien éphémère néanmoins.

Plus de seize mois s'étaient écoulés depuis son retour d'Afghanistan. Fabrice semblait désormais faire corps avec la roche, subissant passivement les effets du temps. Lente et irréversible érosion.

Assis sur un bloc de granit, ses yeux noirs perdus au loin, il tâchait de faire le vide dans son cerveau trop souvent en ébullition.

D'ici, il avait une vue plongeante sur la vallée qu'il scrutait comme à travers la lunette de son fusil de précision même s'il n'était plus désormais qu'un civil parmi les autres. Il connaissait chaque détail du paysage, savait repérer la moindre anomalie. Cette forme noirâtre et mouvante, par exemple, qu'il identifia comme étant un chevreuil.

Ajax, un jeune chien robuste à l'œil triste était assis près de lui, attendant une caresse et regardant dans la même direction que son maître.

Le chalet de l'homme avait été le seul refuge que le jeune animal avait pu trouver lorsqu'on l'avait abandonné deux mois auparavant dans les bois. Fabrice l'avait immédiatement adopté même s'il n'était plus guère habitué à s'ouvrir aux autres.

Émotions verrouillées depuis bien longtemps.

À la pensée de la mort inéluctable qui guettait cette pauvre bête si elle restait livrée à son sort, de douloureux souvenirs refirent surface. Abandons et autres lâchetés qu'il n'avait que trop vus et qu'il refusait d'endurer encore.

La complicité avait été immédiate. Le chien et l'homme se comprirent bien vite.

D'un geste ou d'un regard. Partageant les repas et les longues soirées. L'animal dans les pas de son maître.

Il faisait presque nuit lorsque Fabrice abandonna sa posture minérale pour regagner le chalet rustique hérité de son père, la main droite posée sur son fusil de chasse en bandoulière dont il ne se séparait pas.

Comme bien souvent, au détour d'un chemin, il tomba sur le garde-chasse de la vallée qui le dépassa sans même le saluer.

« Un permis pour cette arme ? » lui avait-il demandé au début sachant pourtant que Fabrice était un ancien *sniper* de la Légion étrangère. À la manière dont l'ancien-légionnaire l'avait dévisagé, le garde avait compris.

Il restait désormais généralement à distance.

Il faut dire que Fabrice, la trentaine, grand mec robuste, le nez busqué et la mâchoire carrée, les cheveux d'un noir d'encre, des poches sous les yeux et des rides d'expression, impressionnait même ceux qui ne connaissaient pas son parcours.

Le garde-chasse bedonnant ne pouvait néanmoins s'empêcher de le dénigrer dans le village. User de son statut et le provoquer était les seules occupations qu'il s'était trouvées pour meubler ses journées monotones. Il savait toutefois qu'il valait mieux ne pas dépasser les limites qu'il avait devinées derrière le regard arctique de l'ancien militaire.

Sa cigarette de tabac blond de *Virginie* aux lèvres, Fabrice s'était mis cette fois-ci lui-même dans les pas de son chien qui le devançait, tout joyeux de retrouver la chaleur du feu de cheminée.

L'homme ne semblait pas partager cette joie.

Les deux larges sillons entre ses sourcils s'étaient davantage creusés, se prolongeant jusqu'au milieu du front depuis qu'il avait pris la décision, trois mois auparavant, de venir se retrancher ici, laissant son épouse Céline et la Côte d'Azur à leur vie mondaine. Entre elles et lui, un no man's land d'incompréhension et de désintérêt réciproque. Son front portait les stigmates d'une profonde blessure qui saignait à l'intérieur.

Ajax s'arrêta pour attendre Fabrice.

Son maître s'agenouilla, retira son gant droit et lui caressa la tête. Sous ses doigts, il sentit les poils frémir, la chaleur animale, la vie…

— Compris… On rentre mon chien.

Fabrice redressa péniblement sa carcasse, enfila son gant et suivit à nouveau son chien qui avait repris la route vers le chalet. Une légère brise hivernale sifflait entre ses oreilles. À chaque pas, ses rangers s'enfonçaient dans la croûte neigeuse.

La fendant comme une coquille de noix.

Ou des crânes explosés dont l'esprit du légionnaire ne parvenait à se défaire.

Chapitre 2

Hiver 2010. Alpes-de-Haute-Provence

Zoé grelottait. Le vent redoublait encore d'intensité et charriait avec lui une neige glacée et collante qui restait plaquée contre sa peau, ses cils, pénétrant dans ses narines. Elle s'infiltrait jusque sous son écharpe. Ce vent lui soufflait une étrange mélodie. Un vieil air de piano désaccordé qui ne présageait rien de bon.

Zoé commençait à regretter d'avoir voulu jouer à la plus maligne. Le surmenage qu'engendrait son job ne pouvait être compensé que par une sensation de la même intensité. Raison principale pour laquelle elle appréciait les sports ou les milieux extrêmes. Alors, elle n'avait pas à se plaindre et aurait même dû se réjouir de cette situation pour le moins corsée. C'est ce qu'elle aimait d'habitude.

Sa randonnée de ski nordique avait pourtant débuté sous un soleil hivernal lumineux. Ravie de quitter Aubagne, elle était partie au petit matin ce jour-là, direction les Alpes-de-Haute-Provence au volant de sa petite berline, laissant cette fois-ci sa *Suzuki* 750 au garage. Elle avait atteint le col quatre heures plus tard.

À trente-huit ans, la jeune Eurasienne se ménageait, dès qu'elle le pouvait, des trêves dans sa carrière captivante, mais contraignante, de psychiatre spécialisée dans l'aide aux victimes de traumatismes. Elle privilégiait alors toujours pour ses échappées en solitaire un coin de nature sauvage, loin des hommes et de leurs pathologies. Elle était en congé pour une semaine. Elle comptait en profiter. Ce genre d'escapade lui était nécessaire. Ne faisant jamais les choses à moitié, elle laissait auprès de chaque patient qu'elle avait en charge une part de son énergie qu'elle leur transmettait. Rien d'étonnant au regard de sa spécialité, le stress post-traumatique.

Rien de surprenant non plus vu sa personnalité et son dévouement pour son métier, véritable sacerdoce.

Déterminée et tenace, qualités héritées de son père vietnamien, Zoé avait terminé dans les meilleures de sa promotion. Elle avait pu bénéficier d'une bourse afin de se spécialiser en psychiatrie et sonder au plus près les méandres de la psyché humaine. Meilleur moyen de venir en aide aux « âmes perdues » comme elle les nommait.

Alors qu'elle était descendue de son véhicule, au sommet du col alpin isolé pour lequel elle avait cette fois-ci opté, l'air frais l'avait immédiatement revigorée et une légère brise était venue purifier ses poumons. Elle avait respiré un bon coup. Profondément.

« En avant ma grande ! » avait-elle lancé comme un défi à la montagne blanchie quand elle avait quitté le parking.

Il était alors 9 h.

Partie d'Aubagne à 5 h du matin, elle aurait terminé sa randonnée avant la tombée de la nuit. Du moins, tel était son plan. Il lui faudrait en réalité composer avec la nature indomptable et rebelle. Imprévisible, comme le cerveau humain. Elle le savait bien pourtant.

Alors qu'elle avait emprunté le petit sentier couvert de neige qui pénétrait en plein cœur de la forêt, Zoé n'avait pas encore idée de ce qui l'attendait même si elle était consciente des dangers de la montagne. Et tout particulièrement cette fois-ci.

La silhouette mince et frêle moulée dans sa combinaison s'était effacée à l'horizon lorsque la piste avait viré à droite, à une centaine de mètres du parking. Elle avait disparu dans la courbe. Au-dessus d'elle, un aigle royal planait en tournoyant depuis de longues minutes à la recherche d'une proie chimérique en cette période hivernale, prêt à s'abattre sur la moindre charogne.

Elle ne s'était pas montrée assez vigilante quand le ciel avait commencé à blanchir à mesure qu'elle s'enfonçait dans la forêt de mélèzes. Leurs grandes branches qui croulaient sous la neige se confondaient désormais avec le chemin.

Tout était blanc. Partout.

Un blanc morbide. Fantomatique.

Zoé ne s'était inquiétée que lorsqu'un épais brouillard avait déposé son voile opaque sur le sentier. Très vite, elle n'avait plus pu distinguer ses pieds. À ce moment-là seulement elle avait compris le péril qui la menaçait. Elle venait de rebrousser chemin, mais il lui restait encore presque trois heures pour regagner sa voiture.

« Ça va aller », se dit-elle à elle-même, tentant de s'enhardir. Mais la peur, incontrôlable, avait déjà fait son nid. « La peur n'évite pas le danger », songea-t-elle immédiatement. Malgré son apparence fragile, Zoé était forte et entraînée. Elle avait côtoyé des têtes brûlées, des désaxés. Elle avait regardé le mal droit dans les yeux. Elle y avait fait face. Elle affronterait aujourd'hui encore la tempête et la vaincrait. À chaque problème sa solution. La sienne résidait dans son GPS et son moral d'acier. Son endurance physique, aussi, qu'elle entretenait par ses activités sportives audacieuses. Celles de haute montagne. Escalade, varappe, ski nordique. Ainsi que le krav-maga.

« Tu pratiques le krav-maga ? » s'étonnaient quelquefois des collègues militaires, peinant à imaginer la frêle asiatique qui se tenait face à eux pratiquant la discipline de combat utilisée, entre autres, par *Tsahal*, l'armée israélienne. C'était pourtant dans sa nature. Une personnalité riche et complexe. Et les apparences sont souvent trompeuses.

Zoé accéléra la cadence, malgré sa fatigue et le vent qui forcissait. Au bout d'une heure, la neige se mêlait à ses larmes, en dépit de ses lunettes de protection. Impression tenace de ne point avancer. Elle avait pourtant abandonné en chemin ses skis pour progresser plus facilement. Cela n'avait pas été suffisant.

Peut-être même s'était-elle trompée de chemin au dernier embranchement ? Le sentier sur lequel elle se trouvait désormais ne semblait plus suivre la direction indiquée par le GPS…

Elle rageait. Elle était seule. Et l'avait bien cherché !

Zoé savait bien que la colère est toujours mauvaise conseillère, mais la morsure du froid avait eu raison de sa maîtrise de soi.

« Tu n'as pas peur de partir seule en montagne ? » lui avait demandé une fois une collègue infirmière.

« Pourquoi aurais-je peur ? »

« Parce que tu es seule et perdue en pleine nature enneigée. Pauvre idiote ! » lui répondit une petite voix intérieure.

Zoé resta figée par la torpeur. Ses facultés mentales s'engourdissaient à mesure qu'elle progressait. Autre très mauvais signe…

Il était presque 16 h et le jour avait amorcé son déclin en ce dimanche de janvier. À chaque pas, Zoé avait l'impression que ses os allaient se briser comme du verre tellement elle était tétanisée par la température sibérienne, mais elle continuait à avancer, le dos courbé, accrochée à ses bâtons et s'enfonçant dans la neige. Sa petite silhouette ne formait plus qu'un point minuscule dans le paysage blanc.

Combien de temps peut-on tenir dans de telles conditions ?

Autre question à ne jamais se poser dans de telles conditions…

Elle avait vu trop de films avec des hommes perdus en pleine tempête, dans des lieux isolés, comme Jack Nicholson dans *Shining*. Elle connaissait trop bien la fin…

Elle resta immobile et impuissante, se laissant pénétrer par le blizzard dont la morsure lui faisait l'effet de lames de rasoir taillant son corps en lambeaux. Les mélèzes rabattaient sur elle leurs grands membres glacés. Un bruit sourd accompagna l'avalanche de neige accumulée trop longtemps sur les branches pourtant solides des résineux. Elle ferma les yeux, éreintée. Lorsqu'elle souleva ses paupières frigorifiées par les cristaux diaphanes qui s'y étaient déposés, il lui sembla voir la forme d'un chalet droit devant elle.

Elle entendit aussi des aboiements. Elle espérait que le chien la repérerait à l'odeur, le sens du vent étant favorable.

*
* *

Ajax dressa les oreilles lorsque l'appel au secours perça les rafales de vent. Le museau en l'air, il fonça en direction du cri.

Fabrice qui accompagnait son chien sorti faire ses besoins

aux abords du chalet, traîna sa masse, malgré la tempête. Il suivit les traces d'Ajax.

C'est évanouie et la cheville emmaillotée dans une écharpe blanche qu'il la découvrit.

Chapitre 3

Zoé se réveilla en sursaut et sortit péniblement de son sommeil, s'extirpant de son rêve confus. Un rêve, si proche de la réalité pourtant. Une douce chaleur diffuse l'enveloppait tout entière et une lueur mouvante paraissait onduler derrière ses paupières. Elle ouvrit les yeux.

Des bribes de souvenirs refirent surface. La randonnée en ski… la tempête… une entorse…

Combien de temps était-elle restée dans le froid ? Et surtout où était-elle désormais ?

Elle était allongée dans un lit. Des lambris tapissaient les murs et le plafond autour d'elle. Une cheminée crépitait. Sous la couette, elle était en sous-vêtements.

Elle redressa brusquement le buste.

Coup d'œil circulaire. Alors qu'elle sortait de sa léthargie, ses souvenirs se firent plus précis. Elle se remémora les événements de la veille. Un homme lui avait porté secours. Un homme des cavernes taciturne.

Fabrice.

Elle s'était laissé traîner jusqu'à son chalet, une vieille bicoque perdue dans la montagne. Il l'avait portée dans sa chambre, à l'étage. Une chambre crasseuse et malodorante. Puis Zoé l'avait entendu dézipper sa combinaison de ski, avait vaguement senti lorsqu'il lui avait retiré ses vêtements, ne lui laissant que son soutien-gorge et son slip. Elle l'avait

17

confusément entendu redescendre. Sans un mot… Elle avait sombré avec la peur de ne pas se réveiller et le dégoût de se trouver dans le lit de cet homme.

Il faisait jour désormais. Elle avait probablement dormi là toute la nuit.

Percée dans le mur sur sa gauche, une petite fenêtre laissait entrer la lumière. De son lit, elle voyait les flocons s'abattre toujours intensément et au-delà, comme effacées, elle distinguait la forêt et les silhouettes blafardes des arbres couverts de neige.

Zoé se familiarisa avec cet environnement incongru. Du linge jonchait le sol et recouvrait négligemment le dossier de deux chaises. Chemise à carreaux, treillis kaki et sa propre combinaison au milieu du fouillis. Sur la table de chevet, un pot de confiture vide faisait manifestement office de cendrier et côtoyait une lampe et quelques vieux bouquins. Des *thrillers*, à la couverture usée et poussiéreuse.

Elle chercha des yeux la porte. Elle se trouvait sur sa droite.

La faim et la soif se faisaient sentir. Elle se leva fébrilement. La tête lui tournait un peu.

Quelle idiote elle était ! Elle avait bien failli y rester d'avoir voulu défier la montagne et affronter seule cette maudite tempête !

Un miroir était accroché au-dessus de la table de nuit. Elle y jeta un œil avant de descendre. De gros cernes marquaient ses yeux noirs fatigués et son teint était pâle, mais elle était bel et bien en vie. Elle enfila l'une des chemises à carreaux qui traînaient sur le dossier de la chaise et se dirigea vers la porte. La chambre donnait sur une pièce palière jonchée de vieux cartons. Des bruits de cuisine, métalliques, parvenaient du rez-de-chaussée.

Elle s'avança et se pencha au-dessus de la rambarde, surplombant ainsi un salon absolument bordélique ! Elle pouvait observer à l'étage inférieur la cheminée dans laquelle brûlait un grand feu, un canapé marron éventré, un vieux tapis, un fouillis d'objets hétéroclites et beaucoup de bouteilles vides. Trop de bouteilles. En revanche, elle ne vit pas le propriétaire des lieux.

Zoé descendit les marches. *Sur une jambe. Ne pas oublier…*

Arrivée sous le niveau de la mezzanine, elle fit une pause et l'aperçut immédiatement au bout de la pièce. De dos.

Face au plan de travail, il préparait le petit déjeuner à en juger à la table derrière lui sur laquelle reposaient une tasse, du pain, du miel, un gros bocal de terrine ou de rillettes et une cafetière. Fabrice était assez grand, large d'épaules et plutôt costaud. « Une carrure de bûcheron »… songea-t-elle. Ses cheveux bruns étaient broussailleux. Il portait un vieux tee-shirt gris délavé, un jean élimé et des rangers aux lacets pendouillant.

Il se retourna au même moment et lui jeta un coup d'œil furtif, indifférent, avant de se verser du café dans une tasse ébréchée à l'anse cassée.

Elle finit de descendre les marches. Un chien, une sorte de berger, débola de derrière le canapé et s'approcha en grognant. Zoé se souvint l'avoir vu la veille au soir avec son maître. Fabrice ne réagit pas. Elle resta sans bouger.

Que pouvait-elle faire d'autre ?

L'animal se mit à la renifler en tournant autour d'elle puis remua la queue et lui fit gentiment la fête. Zoé avait l'habitude des chiens. Boss, un *rhodesian ridgeback*, autrement plus impressionnant, partageait son quotidien depuis dix ans. Elle se hasarda à lui délivrer une caresse. Il jappa, apparemment satisfait.

— Café ? demanda l'homme d'une voix rauque et marquée.

Zoé prit le temps d'examiner la situation avant de répondre. Habitude professionnelle sans aucun doute. Son esprit était en alerte. L'homme ne l'avait pas agressée, mais ce n'était pas pour autant qu'elle devait se sentir en confiance avec lui. Son métier lui avait appris à se montrer méfiante. Le danger surgissait surtout quand on ne s'y attendait pas. Mais là, dans cette ambiance à la *détour mortel* et vêtue seulement d'une chemise qui lui faisait l'effet d'une mini-jupe, sûr et certain, il lui faudrait être vigilante… Elle ne devait pourtant rien laisser paraître.

« Ce n'est pas de refus… » s'entendit-elle répondre d'une voix qu'elle voulait chaleureuse, mais dont la tonalité beaucoup trop aiguë l'étonna elle-même. Elle pesta intérieurement de sa maladresse, envoyant malgré tout le plus beau sourire qu'elle put à l'homme aux joues mangées par une barbe de plusieurs jours.

Il se dirigea vers la cheminée, les épaules voûtées et le pas lent, et revint placidement en traînant une deuxième chaise qu'il plaça près de la vieille table de bois brut. Il partit chercher un verre à la propreté douteuse qu'il déposa sur la table, le remplit de café. D'un geste de la main, sans même lui jeter un regard, il l'invita à s'asseoir. Il s'installa sans attendre, saisit sa tasse, but plusieurs grandes gorgées avant de la reposer bruyamment et de fouiller dans une poche de son jean pour en extraire un couteau. Un couteau de patriarche, fabriqué pour défier le temps. Il déploya la longue lame effilée pendant que le manche étroit en bois d'ébène disparaissait dans la large paume. Il tailla sans aucun effort une épaisse tranche de pain qu'il tartina de rillettes.

« Un vrai ours ! » se formula Zoé.

Elle s'approcha en claudiquant, le chien sur ses talons et prit place.

Comment allait-elle pouvoir engager la conversation avec ce type si renfrogné ?

Habituellement, quand elle se trouvait face à des patients, il suffisait de poser quelques questions neutres pour les amener à se confier, sans jamais prendre parti et sans jamais répondre directement à leurs interrogations. Mais là, elle n'était pas dans son cabinet et ne savait pas trop comment aborder cet individu qui n'était pas un patient, bien qu'il présente des caractéristiques montrant qu'il pourrait fort bien l'être…

Peut-être aurait-elle déjà pu commencer par le remercier de l'avoir sauvée, se reprocha-t-elle aussitôt. Elle n'eut pas le temps de le faire. C'est lui qui reprit la parole.

— Je vous préviens tout d'suite. J'ai pigé la situation. Votre rando, votre cheville foulée. Si je vous ai ramenée ici c'est parce que j'ai pas pour habitude de laisser crever les gens sans rien faire. Mais ne comptez pas vous éterniser. Dès que la tempête est finie, j'vous raccompagne au village. Compris ?

— Je comprends tout à fait, répondit professionnellement Zoé. Je n'ai pas l'intention non plus d'abuser de votre hospitalité… Je vous remercie déjà de m'avoir tirée de là, ajouta-t-elle d'un ton volontairement timide, les yeux plongés dans son verre de café noir qu'elle tenait serré entre ses paumes.

— Mais pour l'instant, c'est le merdier. Pas la peine de penser pouvoir repartir. La moitié de la porte du chalet est sous la neige, on s'y enfonce jusqu'à la taille et ça continue à tomber. J'ai pas de téléphone non plus. Alors, puisqu'il va falloir cohabiter un certain temps, autant mettre en place tout de suite des règles.

« Oui, mon adjudant », avait-elle eu envie de lui répondre. Mais ce n'était pas vraiment le genre de mec à faire de l'humour... Pire qu'une caserne ici. Avec le chaos qui régnait dans le chalet, il était bien mal placé pour fixer des règles... Mais il n'avait pas tort, il fallait se mettre d'accord sur certains points...

— Je prépare les repas. La salle de bain et les toilettes sont à l'étage. Je prends ma douche au réveil vers 7 h, vous pouvez y aller ensuite. Je vous laisse la chambre, j'occupe pour ma part le bas. Pour les repas, c'est à 13 h et 20 h. Pigé ?

Il avait prononcé ces paroles d'une traite, d'une voix grave et morne comme si sa vie tout entière était un boulet.

Pour la première fois, il planta ses yeux sombres dans les siens et Zoé reconnut dans son regard une profonde détresse, de celles qu'elle connaissait bien. Elle comprit sur-le-champ qu'elle devait se tenir sur ses gardes. Cet homme pouvait se montrer instable.

Elle observa ses mains. De grandes mains rugueuses et crevassées, comme cette montagne.

— Très bien. Et merci encore, se hasarda-t-elle.

Elle hésita puis ajouta :

— Juste par commodité..., je m'appelle Zoé.

— Je sais, vous me l'avez déjà dit hier. Moi c'est toujours Fabrice, répondit-il tout en se levant. Vous vous servez en pain et miel si vous avez faim. J'ai pas de confiture, ça ne se garde pas assez longtemps. Bref, vous mangez ce que vous voulez, n'attendez pas que je vous y invite à chaque fois.

Elle le remercia à nouveau.

— Et arrêtez de me remercier. J'ai pas fait ça par gentillesse. Juste par devoir. J'aurais préféré m'en passer…

Ce n'était pas gagné…

Il se retourna en même temps et déposa sa tasse dans l'évier qui débordait déjà de vaisselle sale, essuya d'un revers de la main sa moitié de table. Les miettes vinrent tapisser un sol qui n'avait pas dû être balayé depuis des mois. Le chien s'empressa d'en nettoyer une partie.

Fabrice lui avait tourné le dos pour aller s'installer sur le canapé. Ou plutôt s'y avachir.

Zoé coupa une tranche d'un gros pain certainement fait maison et y étala une épaisse couche de miel de montagne. Fabrication artisanale et locale. Le pot était poisseux. Il fallait bien qu'elle s'en accommode. Son ventre gargouillait. La saleté la rebutait, mais elle était affamée. Elle avala voracement une première bouchée. C'était bon, rien à ajouter… Elle engloutit deux tartines et s'interrogea sur la manière dont la journée allait se dérouler.

Comment aborder la situation ? Il ne fallait certainement pas qu'elle compte sur de longues discussions au coin du feu avec Fabrice…

Tournant discrètement la tête dans sa direction, elle le vit affairé à la construction d'une maquette posée sur la table basse devant lui. Il lui semblait apercevoir un champ de bataille de taille réduite, parsemé de nombreux chars et soldats armés. Penché au-dessus de la table, il paraissait totalement absorbé à coller entre elles des pièces de bois, comme s'il avait oublié sa présence. Le chien était venu le rejoindre et s'était allongé aux pieds de son maître. Elle le vit saisir une bouteille à terre. C'était de la vodka. Il s'en versa un plein verre.

Zoé soupira de dépit. Elle allait devoir redoubler de vigilance avec ce type même si elle était habituée aux désaxés en tout genre. Il ne fallait pas qu'elle oublie qu'elle se trouvait là coupée de tous, blessée, et loin de ses conditions de travail habituelles.

Elle se leva à son tour, déposa son verre sur la montagne de vaisselle dans l'évier. Elle débarrassa. Tâche aisée : il n'y avait que deux placards dans le coin-cuisine. Un pour les couverts. Un autre pour la nourriture. Poussiéreux et dégoûtants eux aussi.

Elle entreprit de laver la vaisselle qu'elle laissa égoutter sur un vieux chiffon, posé sur l'auge en pierre patinée par les années, puis elle remonta dans la chambre.

— Y a des serviettes dans le placard de la salle de bain.

Elle le remercia une énième fois et se mordit les lèvres immédiatement.

« Arrête de remercier, tu n'as pas compris »... se corrigea-t-elle intérieurement.

Elle disparut à l'étage après avoir difficilement gravi les marches sur une seule jambe. Elle avait maintenant besoin de faire le point sur la situation.

« Choisir un angle d'attaque », ainsi que Taisho le lui aurait conseillé.

Chapitre 4

Été 2007. Côte d'Azur

Cassandre et Céline s'étaient rencontrées au cours de l'été 2007 lors du procès Donard qui avait tant secoué les médias alors que, dans le même temps, un tueur en série sévissait à la sortie des boîtes de nuit. Ce fut une période particulièrement sombre pour la Côte d'Azur. L'infâme procès Donard avait marqué tous les esprits et les médias avaient relayé l'affaire sans relâche. L'opinion publique avait été bouleversée.

Cassandre, jeune psychiatre qui s'était déjà fait une bonne réputation, était intervenue en qualité d'experte pour déterminer le degré de responsabilité de Donard, le violeur et meurtrier de la petite Églantine. Céline était alors avocate de la partie civile.

Le procès avait eu lieu à la cour d'assises de Nice. Débuté en avril, il s'était étiré sous un soleil de plomb jusqu'à la fin de l'été. L'émotion avait été à son comble tout au long des débats, à cause de la personnalité particulièrement perverse du violeur présumé, mais surtout en raison du jeune âge de la petite Églantine. Huit ans seulement au moment des faits. Une abomination.

C'était peut-être pour cela que les deux femmes s'étaient rapprochées. À cause de la monstruosité des faits qui incitait aux contacts humains, la fraternité restant bien souvent le dernier rempart contre l'horreur. Cassandre et Céline avaient sympathisé même si la psychiatre devait veiller, en tant qu'experte, à une certaine neutralité. Mais Cassandre était une forte tête. Elle n'avait que faire des interdictions. Cela l'excitait même.

Céline avait d'emblée été fascinée par cette blonde qui avait fait son entrée dans une salle d'audience tendue. Une femme au charisme naturel qui semblait effacer toute autre présence autour d'elle. Elle était véritablement lumineuse.

Peu de temps après le début du procès, Céline avait à nouveau croisé Cassandre à l'angle de la rue d'Antibes à Cannes alors qu'elle sortait de chez son traiteur. La psychiatre l'avait accostée et chaleureusement félicitée pour sa plaidoirie. Leur amitié était ainsi née dans la discrétion inhérente à l'affaire.

Lentement.

Une amitié qui s'était renforcée une fois le procès terminé.

Pourtant, les deux femmes, trente ans toutes les deux, n'avaient rien de semblable. Mais, comme pour le *yin* et le *yang*, les opposés trouvent souvent un équilibre en s'unissant. Cassandre était déterminée et pleine d'aplomb. Céline était plutôt solitaire et réservée. La première, grande blonde pulpeuse, ne manquait pas une occasion de se faire remarquer. La seconde, une frêle brune, élégante, parvenait aisément à se fondre dans la masse.

Elles devinrent assez rapidement des confidentes l'une pour l'autre.

Céline confiait à Cassandre son inquiétude de savoir son mari sur le front. Être l'épouse d'un militaire n'était pas évident tous les jours… Surtout quand le militaire en question était un *sniper*. Elle était souvent angoissée pour lui. Et seule.

Une solitude pesante.

Arrivée sur la Côte d'Azur pour ouvrir son cabinet d'avocate voilà maintenant deux ans, elle avait rapidement trouvé sa clientèle, notamment grâce aux nombreuses relations de son père, notaire aixois originaire de Mougins, dans les Alpes Maritimes. En revanche, sur le plan amical, c'était un vaste désert se résumant à des journées et des soirées à travailler sur ses dossiers, entrecoupées par de fréquents allers-retours à Aix-en-Provence pour rendre visite à ses parents. La lecture était sa seule amie fidèle. Les romans servaient de terreau à son imagination fertile et l'aidaient à combler son vide affectif. Ce romantisme un peu suranné compensait la rigueur de son travail d'avocate.

Après sa rencontre avec Cassandre, la vie de la jeune femme prit une tout autre direction. Céline, d'habitude si discrète, s'ouvrit à sa nouvelle amie.

Les questions se bousculaient dans sa tête. L'heure du bilan de la trentaine certainement.

Travail, famille, patrie… *Ne passait-elle pas à côté de l'essentiel ? N'oubliait-elle pas de vivre, tout simplement ?*

Pour Cassandre, c'était plutôt sexe, argent et fiesta. Elle confiait à Céline sans tabous ses relations sexuelles, souvent nombreuses et débridées. La candeur et la crédulité de son amie, si différente d'elle, ne cessaient de divertir Cassandre. Elle s'amusait de voir Céline la conseiller et tenter de la freiner dans ses ardeurs.

Comme ce jour où, quelques semaines suivant leur rencontre, après une soirée un peu arrosée dans un bar branché de Cannes, Céline dut raccompagner Cassandre à son appartement avant qu'elle ne finisse sa nuit avec trois

Allemands en vacances sur la Côte.

« Cassandre, tu peux pas te taper trois mecs à la fois ! » tâchait de la raisonner Céline.

Son amie la regardait d'un air ahuri.

« Parce que tu crois que ce serait la première fois ?… » « Et pas qu'avec des mecs d'ailleurs ! » gloussa-t-elle tout en faisant glisser à ses pieds sa mini-robe et se laissant tomber sur le canapé du salon.

Elles se fixèrent du regard pendant quelques instants puis partirent dans un grand éclat de rire. Le voisin, un trentenaire, ingénieur en informatique, vint frapper à leur porte pour leur demander de faire moins de bruit. *Il était 4 h du mat' et il essayait de trouver le sommeil !*

Céline baragouina, gênée, quelques mots d'excuse pendant que Cassandre, derrière elle, restait vautrée en sous-vêtements sur son canapé de cuir orangé. « Beau gosse… Dommage qu'il soit si coincé ! » lâcha-t-elle dès que Céline referma la porte.

« Arrête, Cassandre, tu me fais honte ! »

L'avocate avait beau chuchoter, effarouchée, elle était secrètement émoustillée par les images débridées que Cassandre faisait naître en elle depuis leur rencontre.

Céline apprenait à lâcher prise en compagnie de son amie. Avec elle, pas besoin de jouer un rôle. Elle la comprenait avec un minimum de mots, ce qui la changeait du palais de justice ou de ses parents vis-à-vis desquels il fallait toujours être en représentation.

À son amie, elle pouvait confier ses doutes et ses failles. Sans crainte d'être jugée.

« Des confidences, tu sais, j'en ai reçu. Des vertes et des

pas mûres. Certaines qui ne sont tout simplement pas racontables. Alors, n'aie crainte de me choquer ! »

Avec Cassandre, tout paraissait si simple.

Après l'enfance qu'elle avait vécue, la psychiatre prenait désormais le temps de vivre. De s'éclater. Avoir subi la violence de son père et l'internement de sa mère, avait forgé son caractère. « Des traumatismes qui s'agrippent à moi comme des tiques affamées », commentait Cassandre qui avait toujours le sens de la formule et de la mise en scène. Elle avait beau afficher assurance et sérénité, elle le sentait quelquefois ce mal. Invisible, mais tenace. Il se tenait sur le seuil, prompt à la contaminer.

La psychiatrie avait été pour Cassandre un palliatif. Pour ne pas dire un garde-fou...

Un moyen de côtoyer ses démons. De s'y frotter et de les maîtriser.

Une passion pour la psychologie et la psychiatrie qu'elle partageait avec Céline. Ce fut leur véritable point commun dès le début de leur relation. À la fin du lycée, l'avocate avait d'ailleurs envisagé d'en faire son métier, mais son père l'en avait dissuadée.

À quoi bon perdre son temps avec les « fous » ? En valaient-ils vraiment la peine ?

Les cas sociaux et les malades mentaux étaient selon lui des causes perdues d'avance et des boulets pour la société... Céline s'était rangée comme toujours au point de vue du patriarche et avait entamé des études de droit.

Sa fascination pour le cerveau, les troubles et déviances pathologiques ne s'était pourtant pas tarie. *La folie...* cet état à la limite de l'humain qui transformait certains hommes en monstres comme ce Donard ou encore Morond, le dernier patient de Cassandre qui avait assassiné ses propres enfants sans aucune explication avant de se murer dans un silence absolu.

Elles passèrent de longues soirées à tâcher d'analyser cette pulsion criminelle qui pouvait conduire un être humain à l'infanticide, sans trouver de réponse. Cassandre formula ce soir-là une conclusion déroutante :

— C'est sans doute cette même pulsion qui pousse ton mari à aller arracher des vies sur des terres inconnues, sous couvert de patriotisme.

Comme toujours, elle prenait un malin plaisir à provoquer Céline d'un air ingénu.

Bien sûr, cette dernière répliqua vivement pour le défendre :

— Tu verras quand tu le rencontreras. C'est la droiture et le patriotisme qui guident Fabrice et non la pathologie.

— Je jugerai moi-même lorsque tu me le présenteras, ajouta la psychiatre d'un air malicieux.

L'idéalisme débordant de sa nouvelle amie ne cessait de l'amuser.

Elles eurent d'autres discussions passionnées au sujet de la folie, s'interrogeant réciproquement sur ces failles dans lesquelles certains êtres s'abîmaient jusqu'à sombrer dans la démence.

— N'as-tu jamais remarqué, Céline, à quel point génie et folie sont liés ? Regarde Van Gogh, Nerval ou le mathématicien John Nash…

La « folie » n'était-elle pas souvent qu'une simple vision du monde différente de celle du commun des mortels ?

Voire une manifestation de l'intelligence ? Être a-normal ne serait-ce pas en fin de compte l'état naturel de l'homme sain d'esprit avant d'être formaté par la société ?

— Combien d'agitateurs a-t-on fait enfermer sous le prétexte de la maladie mentale seulement parce que leurs idées hors-normes dérangeaient ? tâcha de démontrer Cassandre.

— Et Camille Claudel, artiste maudite au talent spolié, ajouta-t-elle. Trop provocatrice et exubérante pour son temps, enfermée à la demande de sa mère par un médecin qui ne l'avait même pas examinée !

Chaque discussion avec son amie était pour Céline une révélation. Elle découvrait une nouvelle manière de voir le monde qui la sortait du carcan des habitudes, du moule de la pudeur. Elle s'affranchissait au fil des jours du regard des autres et du *prêt-à-penser*.

Quelques-unes de ces réflexions les avaient inéluctablement ramenées à l'enfance. Cassandre confia à Céline ses étranges pulsions. Dès l'âge de huit ans, elle passait de longues heures à la tombée de la nuit dans le cimetière de son village. Elle arpentait alors, solitaire, les allées désertes, examinant les portraits surannés des défunts et imaginant leur vie d'antan. *Quel accident avait emporté trop tôt cette petite fille aux boucles blondes ? Quelle maladie avait éteint ce vieillard au regard sombre ?* Elle recherchait les indices sur les pierres tombales. Cette plaque, par exemple. On y voyait un jeune homme sur un bolide qui avait causé sa mort. Elle restait aussi figée d'effroi devant la porte d'une crypte, à l'affût d'une voix remontant du passé, voix qu'il lui semblait entendre, perdue dans le souffle du vent. Et de s'imaginer les défunts soulever leur pierre tombale et venir hanter les vivants. Une branche craquait, une porte grinçait, et la petite fille s'enfuyait à grandes enjambées. Elle aimait déjà se faire peur.

Céline ne savait jamais si Cassandre avait réellement vécu tous les récits extravagants qu'elle se plaisait à narrer d'un ton toujours très théâtral, mais cette fille-là l'épatait. Elle pouvait l'écouter pendant des heures raconter ses récits gothiques. Quand elles étaient repues d'histoires glauques et qu'elles éprouvaient toutes deux le besoin d'ouvrir les vannes et de se changer les idées, le sexe était un autre sujet que les deux femmes abordaient sans tabous.

Comme pour le reste, elles pouvaient en parler crûment, sans plus en rougir pour Céline. C'était nouveau pour elle, et terriblement excitant d'être déculpabilisée.

— Comment tu fais sexuellement quand tu le vois pas pendant des mois ?

— Comment je fais ? Bonne question, sourit Céline… Je fantasme et me satisfais seule… Mais je ne te cache pas que certains mecs que je croise réveillent certains instincts…

— Et tu résistes ?

— Oui… Mes principes sont plus forts que mes instincts.

— Pour l'instant…

Le demi-sourire de Cassandre dévoilait maints sous-entendus.

Chapitre 5

Côte d'Azur

Durant les six derniers mois, Fabrice était rentré une fois de permission. Huit jours à l'occasion des fêtes de fin d'année.

Huit jours de perm' pour Noël... enfin !

Il allait retrouver Céline et oublier un peu talibans et compagnie...

Ouais... mais... les potes qui n'étaient pas rentrés chez eux pour les fêtes... Est-ce qu'ils seraient encore tous là, vivants, quand il reviendrait ?

Sylvain, son coéquipier et meilleur ami, n'avait pas eu la chance d'obtenir sa permission pour rejoindre sa famille. Cette seule idée assombrissait son retour.

Ça faisait chier... Il valait mieux penser à autre chose.

L'avion qui amorçait sa descente au-dessus de la baie des Anges mit un terme à ses ruminations. Ils allaient se poser.

Cinq minutes après, Fabrice laissa tomber son gros sac à dos militaire kaki en apercevant Céline qui l'attendait dans le hall de l'aéroport de Nice et ouvrit largement les bras.

Céline ne courut pas vers lui. Elle s'avança à pas mesurés sur des chaussures à talons hauts que Fabrice ne lui connaissait pas. Et pour cause, elle détestait cela. Du moins jusqu'à aujourd'hui.

Il scanna la scène avec la même célérité et attention que lorsqu'il était sur le terrain et qu'un truc ne collait pas. Un tailleur avec jupe courte étroite… Une nouvelle coiffure genre carré plongeant asymétrique comme on en voit dans certaines revues de mode. Et un sourire qui ressemblait à une pub pour une salle d'attente de dentiste… C'est avec un certain malaise qu'il la prit dans ses bras, avec l'impression d'embrasser une semi-inconnue.

— Tu m'as tellement manqué… murmura-t-elle à son oreille.

— Tu étais présente avec moi, mon amour. Mais dis-moi, quelle transformation ! Tes débuts d'avocate à Cannes te réussissent bien, on dirait…

Céline eut un petit sourire pour toute réponse. Fabrice eut un léger *bug* face aux lèvres vermillon soulignées au crayon. Plaie sanglante qui laissait apparaître l'os…

Arrête tes conneries tout de suite… T'es plus là-bas, vieux ! C'est ta femme qui est là, devant toi !

Pourquoi ce clignotant rouge dans sa tête alors ? Quelque chose clochait…

Céline parlait… Il n'avait rien entendu.

— Qu'est-ce que tu disais ?

— Je disais que je voulais te présenter une amie. Cassandre. Elle est psychiatre. Experte auprès du tribunal. J'ai fait sa connaissance lors d'une sale affaire il y a quelque temps. Sa voiture est en panne… Je pense que tu ne verras pas d'inconvénient à ce qu'on la dépose au passage.

Céline fit alors un petit signe de la main à une jeune beauté blonde assise sur l'un des sièges de la salle d'attente. Fabrice regarda la femme se lever souplement. Grande, mince elle se dirigea vers eux, d'une démarche pleine d'assurance. Top model sur un podium…

Spontanément, elle tendit la main à Fabrice avec un sourire identique à celui de Céline un peu plus tôt.

— Bonjour Fabrice. Céline m'a très souvent parlé de vous, mais il semble qu'elle ait omis de mentionner votre physique d'acteur ! Vous pourriez sans problème tenir le rôle de l'inspecteur dans *Les Enquêtes du Département V*.

Fabrice resta sans voix… *C'était qui exactement cette meuf ? Qu'est-ce que Céline fichait avec cette bimbo ?*

Voyant l'expression contrariée de Fabrice, sourcils froncés et commissures des lèvres remontant comme ceux du félin prêt à bondir, Céline annonça fermement :

— Bon allez ! On lève le camp ! On ne va pas passer la soirée dans ce hall. Direction la sortie !

Un peu à l'étroit dans la petite voiture de Céline, Fabrice avait fini par mettre un terme au bombardement de questions des deux femmes en prétextant la fatigue et un mal de tête. Il se contentait de regarder les illuminations clignotantes de Noël sur la Promenade des Anglais et les maisons éclairées et décorées à outrance pour les fêtes. Certaines, dans la surenchère lumineuse, réussissaient à ressembler sans aucune difficulté à des casinos de jeux de Las Vegas.

Puis, petit à petit, le sentiment de décalage, l'impression d'être sur une autre planète, laissa place à une sourde colère.

Était-ce le bavardage incessant entre Céline et la passagère à l'arrière ?

Cette débauche agressive de lumières multicolores ?

La trajectoire monotone de la voiture le long de la célébrissime artère niçoise ?

Tous ces sourires béats, comme sculptés sur les visages anonymes et interchangeables des passants le long de la promenade ?

Sans doute la juxtaposition de tout ceci... *Pourquoi cette étrange réaction plutôt que la joie naturelle d'être là ?*

Fabrice sentait confusément, au plus profond de lui-même, que cette mascarade festive n'était justement en rien naturelle. Pas plus naturelle que les nuits de garde, là-bas, dans le qui-vive du silence et des ténèbres.

Un doute qu'il sentait poindre en lui.

Sur la route entre Nice et Cannes, Fabrice s'endormit... *Apocalypse Now...*

Ce n'est que lorsque sa permission s'acheva, installé dans l'avion le ramenant chez les talibans qu'il eut l'impression de s'éveiller à nouveau.

La semaine passée à Cannes s'était avérée aussi épuisante qu'une opération de reconnaissance en terrain ennemi. Les deux premières journées avec Céline avaient été un véritable repos du guerrier. La suite s'était résumée à des discordes pour un rien.

Pour tout.

Le réveillon de la Saint-Sylvestre fut l'apothéose lorsque Céline l'avait traîné dans un restaurant huppé investi par un bataillon de collègues plus pédants les uns que les autres et de connaissances mondaines qui paradaient comme si elles étaient à la cour du roi.

Céline avait elle-même choisi le lieu. « *Le Palais* »... Restaurant réputé sur la Croisette.

Mais pourquoi avait-elle opté pour ce lieu guindé, genre d'endroit qu'elle détestait habituellement ? Déco conceptuelle, musique *lounge* et serveuses qui paraissaient recrutées chez Dior. Tout ce qu'elle exécrait.

Des habitués avaient salué sa femme. Fabrice ne les

connaissait absolument pas. Il était resté stupéfait du nombre de nouveaux amis qu'elle comptait désormais... *Mais d'où sortaient-ils tous ?*

Lorsqu'ils avaient quitté cette compagnie, le cadavre étranglé et déchiqueté d'une serviette de table gisait à côté de l'assiette de Fabrice, qui s'était retenu d'arracher la tête à l'abruti qui lui faisait face pour en faire une boule de bowling et dégommer les autres convives. Des convives qui n'avaient daigné s'intéresser à lui que pour lui poser, le temps d'un instant, des questions humiliantes et déshonorantes.

« Armés comme vous êtes, comment n'avez-vous pas réglé leur compte à une bande de paysans sous-équipés ? » et « comment vous faites pour pas baiser pendant des mois ? », « Les abus sexuels dans l'armée entre mecs, n'est-ce qu'un mythe ? »...

Bien sûr, il ne s'était nullement prêté à leur petit jeu.

Secret défense... Réponse systématique qui, à son grand contentement, avait provoqué chez ces beaux messieurs la frustration et un mécontentement manifeste de ne pouvoir jouer les poseurs devant toutes ces dames, selon les *us et coutumes* du clan.

Céline, pendant ce temps, avait vidé les verres les uns après les autres et n'avait cessé de glousser bêtement à tout propos et surtout, hors propos, manifestement contrariée qu'il ne joue pas le jeu. Contrarié, il l'était davantage. Il l'avait été totalement quand, de retour à l'appartement, sa femme bien éméchée avait fait glisser sa longue robe noire moulante à ses pieds. Elle était nue dessous.

Elle s'était jetée à plat ventre sur le lit pour s'endormir aussitôt, ses chaussures à talons hauts toujours aux pieds. Les jambes légèrement entrouvertes, il avait vu étinceler les facettes du bijou anal qu'elle avait vraisemblablement porté toute la soirée sans qu'il n'en sache rien. *Putain, mais c'était quoi ce nouveau délire de chaudasse ?!*

Fabrice regagnait maintenant sa base avec un fardeau encore plus lourd que l'équipement intégral dédié aux missions de reconnaissance. Fardeau dont il ne comptait pas alléger le poids en parlant à qui que ce soit de ses déconvenues et de ses doutes. Pas même à Sylvain. Cette permission orageuse qu'il venait de passer dans le monde civilisé relevait du *secret défense* personnel.

Chapitre 6

Côte d'Azur

À Cannes, la vie continuait. Entre légèreté et futilités.

Céline poursuivait ses activités à son cabinet ou au tribunal le jour. La nuit, elle cumulait les soirées de plus en plus débridées que lui proposait Cassandre... Trois mois s'étaient écoulés depuis les fêtes de Noël et la dernière perm' de Fabrice.

La psychiatre travaillait actuellement pour sa part sur un dossier confié par un agent de probation. Un dossier qui l'amusait.

« Ce mec n'est pas pour toi ! »

Cette petite phrase banale, Cassandre l'avait entendue bien souvent. Elle la détestait.

C'est pourtant la phrase qui lui vint immédiatement à l'esprit lorsque Roberto Tuesta franchit la porte de son cabinet. En même temps, elle sut instantanément qu'elle le mettrait dans son lit.

Comme tout bon latino qui entretenait son image de tombeur, Roberto arborait cet air hautain et charmeur qui rabaissait les femmes au rang d'objet, mais devant lequel la plupart se pâmaient néanmoins. Il affichait aussi un sourire d'une suffisance insupportable et, sans attendre son invitation, avait investi le fauteuil en face d'elle, les mains dans les poches. Autres clichés latins, il portait les cheveux mi-longs, légèrement graisseux, un tatouage tribal sur l'épaule et le teint mat qui allait avec la panoplie du mauvais garçon.

Il avait été envoyé vers Cassandre dans le cadre de sa liberté conditionnelle après une affaire de mœurs. Elle était chargée d'évaluer ses capacités de réadaptation.

Et il s'était vite réinséré…

Dès qu'il avait pénétré dans son bureau, il avait planté ses yeux sombres dans les siens et ne s'en était plus détaché.

Ce n'était pas le genre d'homme que Cassandre fréquentait habituellement. Mais ce mec était un véritable défi pour elle. La psychiatre n'était pas contre une liaison avec un beau mec et elle n'avait encore jamais couché avec un ex-taulard. On verrait bien lequel succomberait le premier…

Leur liaison dura quelques semaines. Pas plus, comme souvent. Quand il fut accro, Cassandre se lassa.

Bien sûr, cette aventure avait fait l'objet de maintes discussions avec Céline.

— Ça y est… Tu as encore trouvé un nouvel homme… Et un voyou en plus ! T'es vraiment irrécupérable !

Derrière les reproches de Céline perçait une lueur de convoitise quand Cassandre lui parlait de son nouvel amant.

Celle-ci ressentait chez Céline un bouillonnement peu coutumier. Trois mois qu'elle n'avait pas revu Fabrice. C'était long trois mois… D'autant plus que la dernière permission semblait s'être plutôt mal passée selon ce qu'elle avait interprété des propos de son amie.

Durant tout ce temps, Céline avait encore changé, c'était évident. Elle s'aventurait sur un nouveau chemin. Elle avait troqué sa *C3* contre une *Mini Cooper* et son tailleur-pantalon professionnel pour des robes souvent légères. Cassandre ne cessait de l'encourager dans cette voie et de la complimenter. Cela l'émoustillait de participer à la métamorphose de Céline. Cette dernière avait beau s'efforcer d'afficher des valeurs d'un autre siècle, elle était prête à succomber à la tentation de la chair. Cassandre en était persuadée. Elle la poussait à suivre cette voie :

— Céline, t'es trop canon. Quand on a un corps comme le tien, on le montre et on l'assume !

Peu de temps après, Céline souhaita en apprendre davantage et s'était montrée avide de détails concernant la relation de son amie avec Roberto. Elle voulait avoir des précisions sur le passé du latin ténébreux et n'était pas non plus indifférente à leurs petits jeux sexuels. Roberto était photographe. Elle avait découvert avec excitation ses derniers clichés. Sa spécialité : l'érotisme...

Lorsque Cassandre le lui présenta, un soir dans ce petit pub où elles avaient leurs habitudes en toute discrétion, même si Céline s'était montrée réservée, les marques du désir qui accompagnait ses œillades furtives vers Roberto n'avaient pas échappé à la psychiatre.

Cassandre estima que ce serait ce soir ou jamais.

Elle voulait savoir – Par jeu ? Par curiosité ? Par une excitation un peu perverse ? – jusqu'où Céline était prête à aller. Les petites remarques moralisatrices que celle-ci lui infligeait, trop souvent à son goût, allaient-elles lui servir effectivement de rempart contre la tentation ou bien allait-elle, comme le disait Oscar Wilde, faire cesser la tentation en lui succombant ? Les enchères étaient ouvertes...

Cassandre commanda pour tous une troisième tournée

d'un cocktail fortement alcoolisé en tequila, remarquant que Céline se passait de plus en plus fréquemment les doigts dans les cheveux. Le moment de l'estocade était venu.

La psychiatre raconta deux ou trois blagues carrément salaces, fit glisser la conversation sur les séances photo très chaudes avec Roberto et relata par le menu certaines scènes torrides d'un film qu'elle avait vu les jours précédents. Sur quoi, elle se leva et annonça, sans autre forme d'explication, qu'elle devait absolument partir. Elle avait quitté le pub avant que Céline ne puisse réagir...

Pas besoin de faire un dessin. Roberto avait compris, coutumier qu'il était de plans cul. Sans perdre un instant, il se rapprocha du siège de Céline. Sourire enjôleur. Il posa une main sur le bras de la jeune femme.

— La soirée vient à peine de commencer, il serait dommage qu'elle s'interrompe aussi brutalement, non ? Que diriez-vous d'un dernier verre dans mon studio photo, je suis certain que vous êtes curieuse de voir quelques clichés de notre amie Cassandre... Je me trompe ?

Céline se sentait un peu vaporeuse. Elle savait que c'était une très mauvaise idée. Il lui restait assez de lucidité pour voir que si l'invitation du « beau » Roberto était énorme, en revanche elle était subtile de perversité. Bien sûr qu'elle était curieuse et excitée de voir des clichés de son amie. Sa face cachée... Mettre des images sur des fantasmes inavoués.

— D'accord ! Mais pas question d'espérer me baiser, hein ? Je suis mariée et fidèle. Message bien reçu ?

— Ma chère Céline... Je n'ai jamais débauché aucune femme qui ne soit consentante ! Donc pas de problème...

Au fond d'elle-même, pas entièrement convaincue, elle se

fit la promesse d'être prudente. Mais dans les volutes de la tequila, elle s'étonna de s'entendre répondre à Roberto :

— OK ! Pas de problème. On y va.

Vingt minutes plus tard, ils pénétraient ensemble dans le loft de Roberto. Le studio photo était parfaitement conforme à ce à quoi Céline s'attendait. La panoplie complète... Appareils sur trépieds, parapluies réflecteurs et *tutti quanti* jusqu'au profond canapé placé stratégiquement dans un coin du loft. Elle s'y installa confortablement après que Roberto lui eut servi une vodka à l'herbe de bison. Elle laissa errer son regard sur les différents accessoires pendant que Roberto allait chercher la carte SD sur laquelle étaient stockées les images numérisées de Cassandre. L'endroit était empreint d'un certain mystère. Un zeste inquiétant.

Roberto actionna une minuscule télécommande et un écran géant se déroula du plafond. Dès les premières photos projetées, Céline constata qu'il avait en effet du talent. *En tant que photographe, bien sûr...* Les éclairages, cadrages, angles de prise de vue, tout concourait à la mise en valeur du modèle. Cassandre était remarquable.

— Tu as déjà vu Cassandre entièrement nue ?

— Heu... Non... Pourquoi et où je l'aurais vue nue ?

— Alors, tu vas comprendre pourquoi elle rend les hommes accros.

Le diaporama, actionné par Roberto, égrenait des images au début très sages. Tout d'abord une Cassandre vêtue d'une jupe gris métal, suivie d'une Cassandre en sous-vêtements. Puis sans vêtements.

Céline fut quelque peu étonnée, ensuite troublée, de découvrir le sexe entièrement épilé, une chauve-souris aux ailes déployées tatouée sur le pubis et un piercing, grosse perle métallique, sous le clitoris... Voyant les yeux arrondis de Céline, Roberto murmura :

— Des petits coups de langue sur le piercing tintent sur le clitoris comme le battant sur la cloche ! Cassandre aime déconner en précisant que lorsque sonne le dernier coup de minuit, elle orgasme !

— Arrête, tu veux !

— Tu ne me crois pas ? Ben attends, tu vas voir...

Les images qui suivirent hypnotisèrent définitivement Céline.

On voyait Cassandre s'envoyer en l'air dans toutes les positions et pas qu'avec un seul homme... Le visage de son amie ne laissait planer aucun doute quant au plaisir qu'elle prenait...

Céline sentait ses reins en feu et son sexe trempé.

La main de Roberto remonta sous sa robe. *Non ! Elle ne voulait pas la sentir...*

Pourtant, ses *toy's* achetés en cachette, un peu honteusement, ne produisaient pas cette « chaleur humaine »... Trouble, refoulement, envie, interdit, désir...

Comment résister aux doigts de Roberto qui se glissaient entre ses jambes, titillaient les lèvres de son sexe ?

Son string atterrit sur le plancher et sa robe remonta au-dessus de son nombril. Elle essaya de se reprendre, mais les doigts qui la pénétraient d'un lent et profond va-et-vient eurent raison de sa volonté.

Au même moment, un pan de rideau s'écarta discrètement pour laisser apparaître l'objectif grand-angle d'un appareil photo. Cassandre ajusta la mise au point du *Nikon*... À l'insu de Céline. Cela faisait partie de son plan.

Clic... Clic... Clic...

Céline, échauffée fit glisser sa robe à ses pieds et déboutonna le jean du latino, plongea la main dans le boxer et sortit la queue gonflée d'excitation. Elle prit son sexe dans sa bouche avec une gourmandise trop longtemps frustrée.

Un sourire perfide aux lèvres, Cassandre permuta le mode photo sur celui de caméra et filma Céline à genoux entre les jambes du photographe. Roberto se leva, tenant sa partenaire par les cheveux, il fit aller et venir son sexe entre ses lèvres, de plus en plus loin, de plus en plus vite...

Cassandre zooma sur le visage de son amie... Ce spectacle était jouissif. Elle avait gagné son pari !

Céline revint à elle lorsque cette fellation sans retenue se conclut par les saccades du sexe éjaculant au fond de sa gorge et sur son visage.

« Putain ! Mais qu'est-ce que je fais ? Qu'est-ce j'ai fait !... Merde !!! »

Hagarde, elle fixa Roberto, le traita de « sale connard » et se pencha pour ramasser sa robe qu'elle enfila avec maladresse pour s'enfuir en sanglots.

C'était quatre mois avant le retour de Fabrice du front.

Chapitre 7

12 h 15. Digne. Janvier 2010.

Le quai grouillait de voyageurs affairés.

Fabrice revoyait sa femme. Évanescente dans sa robe blanche, elle gravit les deux marches en fer pour accéder au wagon du TER Digne/Aix-en-Provence, dans le brouhaha propre aux grands départs.

Le train était entré en gare cinq minutes auparavant dans un bruit métallique et un grincement de freins. Les portes s'étaient ouvertes déversant le flot de passagers pressés.

Céline l'avait embrassé furtivement puis s'était hissée à l'intérieur du wagon. Elle s'était retournée avec un sourire triste et lui avait fait un petit signe de la main, aérien et émouvant. Les portes s'étaient refermées, comme dans un film. Voilà à quoi tient parfois le fil de l'existence. Deux petites marches et une porte qui se ferme.

La dernière image que Fabrice avait de Céline restait accrochée à sa mémoire. Ses yeux sombres, ses cheveux noirs de jais retenus par une pince de la même couleur, ses traits fins et son corps souple et énergique.

Le sourire affecté qu'elle lui avait adressé juste avant de s'engouffrer dans le wagon continuait à lui dévorer l'âme. Il avait ressenti alors la même appréhension irrationnelle qu'en Afghanistan juste avant l'embuscade. L'anxiété était montée. Incontrôlable et destructrice. Un flot amer auquel il goûtait bien souvent depuis son retour définitif d'Afghanistan dix-sept mois plus tôt.

Il avait mis cela sur le compte de la foule. Ces sorties l'angoissaient au plus haut point même s'il tâchait de ne pas le montrer à ses proches et surtout pas à Céline.

Mais son épouse n'était pas dupe. Elle lisait en lui à livre ouvert et détectait le moindre trouble. La moindre appréhension. Il ne supportait pas cela. Un légionnaire ne devait pas avoir de faiblesse.

Putain ! Il en était arrivé à lire ses failles dans les yeux de sa femme !

Des yeux reflets de ses échecs. Des échecs de plus en plus pesants. C'était insupportable. Et pourtant si loin de la vérité... Car en dépit de sa clairvoyance, Céline était à mille lieues d'imaginer à quel point il était brisé. Elle n'avait pas pris la mesure de l'état de fébrilité quotidienne dans lequel il vivait. L'énergie et la concentration qu'il déployait lorsqu'il devait sortir de chez eux. Même à la maison, le moindre claquement de porte le faisait sursauter. À l'extérieur, un simple bruit lui rappelait les tirs. Il lui fallait faire d'incommensurables efforts pour se contenir, ne pas se jeter au sol pour se mettre à couvert.

Chaque coup de klaxon était pour lui une alerte. Chaque frôlement, une agression.

Il ne se reconnaissait plus. Il ne vivait plus. Il survivait seulement.

Après le départ de Céline, Fabrice était resté là sur le quai, à la fois tétanisé par la solitude soudaine et par ces insectes qui se pressaient tout autour de lui et s'affairaient dans cette immense fourmilière, colonie mue par la routine et le quotidien. Sa femme était partie retrouver ses parents à Aix-en-Provence pour le week-end. Petite visite surprise… Besoin de se ressourcer…

Fabrice n'avait pas voulu l'accompagner.

Céline n'avait pas compris. Comme souvent depuis qu'il avait quitté le front, ils s'étaient disputés. Elle se sentait rejetée.

« Tu ne partages plus rien avec moi »

« Tu n'es plus le même, je ne te reconnais plus »

« Tu me négliges ».

Les reproches tournaient en boucle dans son esprit et se mêlaient à d'autres condamnations. Spirale de l'incompréhension et de la culpabilité. Une véritable centrifugeuse qui anéantissait toute discussion en germe.

Comment aurait-il pu lui dire, lui, le légionnaire qu'elle avait épousé, qu'il était incapable de monter dans un train ?

Et puis il était hors de question d'aller passer le week-end avec ses beaux-parents qui n'avaient jamais accepté la relation de leur fille unique avec un légionnaire. Il n'était pas non plus en état de suivre la belle-famille dans des réceptions chez des notables locaux où il n'était pas à sa place et serait une fois encore la cible de questions insidieuses.

Pour l'heure, il fallait juste qu'il s'arrache de ce trou. Un quai de gare, c'était trop pour lui. Il aurait bien fumé une clope, mais une obsession était plus forte. Fuir. Déguerpir de là, rejoindre sa bagnole et quitter le front.

Le regard vissé sur ses chaussures, il regagna à la hâte le parking avec cette boule au ventre, se frayant un chemin au milieu d'étrangers qui le harcelaient par le seul fait d'exister. Bousculant au passage quelques silhouettes qui ronchonnèrent avant de se raviser en examinant l'individu à l'apparence inquiétante. Un marginal sûrement…

Traversée du quai, puis du hall, jusqu'au parking ouvert devant la gare. Trouée aussi audacieuse pour Fabrice qu'une opération de terrain en plein désert afghan.

Le bourdonnement des voix se mélangeait dans son cerveau, les images se télescopaient.

Une épaule l'effleurant, un regard un peu trop insistant, des pas qui emboîtaient les siens, une annonce au haut-parleur, et ses pensées s'empêtraient. Fabrice n'y pouvait rien. Dans ces moments-là, il fallait juste faire le vide et adopter la démarche mécanique.

Le pas lourd, il traîna tant bien que mal sa masse imposante jusqu'à l'entrée du parking, leva furtivement les yeux derrière ses lunettes noires et repéra sa *Lada*.

Ouverture express de la porte. Introduction dans l'habitacle. Là, il s'empressa de refermer à clé et souffla enfin.

Mission accomplie…

Pour quelques heures seulement. Car le lendemain, sa vie s'éteindrait, même s'il ne le savait pas encore.

Avec le coup de fil à Denise. Sa belle-mère. La phrase qu'elle prononcerait lui ferait l'effet d'une bombe au napalm.

Céline n'était pas arrivée en gare d'Aix-en-Provence.

Elle resterait injoignable sur son portable également.

La suite ne serait qu'une succession d'aberrations et d'incohérences, d'interrogations, de questionnement, d'épreuves, d'introspection. De flashs. Persistants et tenaces.

Céline disparut en effet le samedi 9 janvier 2010.

Ce fut l'épreuve qui acheva Fabrice.

Le jour où il quitta le monde des hommes.

« Céline ! Non ! » s'époumona Fabrice, ébranlé dans son sommeil.

Hurlement terrifiant qui réveilla Zoé. Elle ouvrit les yeux, angoissée, ne sachant où elle se trouvait. Impression d'être dans un labyrinthe sans issue. Et le Minotaure enfermé avec elle…

Son pouls s'accéléra instinctivement.

À tâtons, elle essaya d'atteindre l'interrupteur de la lampe de chevet, mais son geste fut accompagné d'un fracas. Sa main continua à errer sur la table de nuit. Elle identifia enfin le pied de la lampe de chevet et pressa le bouton.

La lumière jaillit. Vive. Le pot de confiture qui faisait office de cendrier gisait au sol.

Après s'être accoutumée à la lueur agressive, elle s'inquiéta de nouveau.

Quelle était cette plainte ? N'était-ce qu'un rêve ?

Que se passait-il ?

Une seule manière de le savoir. Zoé retrouva ses réflexes professionnels en situation de crise. Elle sortit du lit, fit plusieurs tours sur ses hanches avec le pantalon de jogging que Fabrice lui avait prêté la veille et dans lequel elle flottait. Elle nageait aussi dans son tee-shirt gris taille XL. Elle entrouvrit la porte, se précipita sur le palier plongé dans l'obscurité, buta sur un carton puis parvint jusqu'à la rambarde à laquelle elle s'agrippa pour observer le salon.

D'où venait ce cri ?

Le salon était baigné par la lueur vacillante de la cheminée toujours allumée. Après s'être accoutumée à cette lumière ondulante, elle vit Fabrice recroquevillé au sol devant le canapé, la tête entre les mains, balançant le buste d'avant en arrière, marmonnant quelques propos incompréhensibles. Le genre de prostration typique d'une crise psychotique.

Il ne criait plus. Mais c'était bien sa voix qui avait arraché Zoé à son sommeil.

Cela devait nécessairement arriver. Ce n'était pas vraiment une surprise pour elle.

Elle gagna le rez-de-chaussée.

Fabrice s'était rassis sur le canapé. Il n'avait pas réagi, toujours effondré dans une posture catatonique. Sur la table, à côté de lui, la bouteille de vodka entamée la veille était vide.

Zoé hésita une seconde sur la décision à prendre.

Devait-elle intervenir en le rassurant ou remonter chercher de quoi le calmer dans sa trousse médicale qui ne la quittait jamais ?

Elle s'approcha discrètement de l'âtre et s'agenouilla face à Fabrice. Il continuait de marmonner dans une semi-transe certainement aggravée par un état d'ébriété, sans paraître remarquer sa présence. Les paupières fermées, il se balançait toujours frénétiquement et était en sueur, en pleine crise. Une crise impressionnante. Heureusement qu'elle était habituée…

Au beau milieu de bribes de phrases incompréhensibles, Zoé parvint à saisir quelques mots :

« *Attention !* »… « *te relève pas* »… « *homme à terre* »…

De temps à autre, Fabrice cessait de se balancer et tressautait, paupières et mâchoires serrées, lèvres tremblotantes. Soudain, il protégea son visage en avant les bras tendus comme pour éviter une attaque imaginaire et poussa un cri : « *Noonnn !* » Ses traits se crispaient davantage.

Zoé tenta de l'apaiser. Elle s'approcha de lui, s'assit à ses côtés, lui prit la main et glissa doucement au creux de son oreille, comme elle avait l'habitude de le faire lors de ses séances d'hypnose :

— Ce n'est rien Fabrice, vous êtes chez vous. En sécurité.

Le légionnaire ouvrit des yeux exorbités qui paraissaient pourtant aveugles et la serra fermement dans ses bras. Si fermement que c'en était presque douloureux.

— Céline, tu es là ! Putain, j'ai cru t'avoir perdue…

Une hallucination…

Zoé resta sans bouger. C'était la meilleure solution dans ce cas. Son visage était collé contre celui de Fabrice et ses yeux ne pouvaient se détacher de la veine enflée qui barrait la tempe du légionnaire. Il suait à grosses gouttes. Il la maintenait toujours fermement contre lui et la berçait.

C'est une crise. Ce n'est qu'une crise.

Ne pas bouger. Le laisser se calmer.

Les yeux de Fabrice paraissaient vides, comme absorbés par des pensées mécaniques.

Cette nuit-là, il n'était parvenu à s'endormir qu'à 2 h 30, une fois assommé par l'alcool et la fatigue, les paupières lourdes des efforts de l'après-midi et de la vodka. La veille, dès le déjeuner terminé, il avait passé deux heures à creuser une tranchée dans la neige sous les rafales qui charriaient la poudreuse à mesure qu'il la déblayait. Il était pourtant arrivé au bout de sa tâche titanesque et avait fini par rejoindre le bûcher pour fendre son bois. Il avait fini en nage, trempé par la neige et la sueur mêlées. Deux nouvelles heures ensuite, dans le cabanon sombre et silencieux, à abattre sa hache sur le bois sec. C'était une nécessité en cette période hivernale et un dérivatif à son état de tension renouvelé avec l'arrivée de la femme. *L'inconnue venue troubler son repos.* Au moins, cet après-midi-là, il n'avait pas eu à côtoyer celle qui se trouvait à l'étage de son chalet, celle qu'il avait dû accueillir, bien malgré lui, dans sa retraite. Celle qui venait le tourmenter dans sa solitude. Il se sentait traqué jusque dans son refuge. *En même temps, avait-il vraiment le choix ? Il ne pouvait pas la laisser crever dans la tempête de neige…*

Il avait été incapable de fermer l'œil ce soir-là, malgré ses efforts de l'après-midi. Alors, il avait bu un verre. Puis un deuxième. Jusqu'à ce que ses paupières se ferment enfin. Les figures du passé avaient ressurgi. Il le savait pourtant. C'était toujours comme cela. À la moindre baisse de vigilance, elles revenaient le hanter.

Des talibans enturbannés armés jusqu'aux dents.

Des plaies rouges et béantes déversant boyaux ou fragments de cervelles.

Des explosions brûlantes, des cris qui arrachent les tympans.

Des odeurs de poudre.

Des enfants surtout, devenus bombes humaines dont il retrouvait les morceaux à des centaines de mètres à la ronde.

Et au milieu de ce charnier humain, Céline. Céline qui avait disparu sans explication. Céline qui se mêlait dans sa tête aux victimes afghanes. Céline au visage mutilé et corps déchiqueté dans ses visions les plus horribles. Des images de l'enfer entrecoupées par des cris terrifiants. Un cauchemar post-traumatique et hallucinatoire, éveil inconscient dans la terreur nocturne. L'un de ces cris avait réveillé Zoé, embarquée involontairement avec lui, au cœur de son cauchemar.

Fabrice continuait à la bercer d'un mouvement rapide, ses

yeux désespérés fixant les flammes dans la cheminée. Zoé ne bougeait toujours pas, attendant que ça se passe, supportant son souffle chaud dans son cou. Car cela finissait toujours par passer. *Attendre qu'il se réveille ou se rendorme…*

Elle régula sa respiration pour faire redescendre la pression. Elle se revit alors dans une situation similaire au côté de ce patient qui l'avait agressée quelques années auparavant. Un autre traumatisé. Elle n'oublierait jamais la sensation ressentie au contact de cette lame froide et bien affûtée sous son cou alors qu'elle allait ouvrir la porte de son cabinet et prendre congé de son patient. Sa vie avait défilé en un instant. Moiteur subite… sueur excessive… accélération du rythme cardiaque. Tous les symptômes de la montée d'adrénaline qu'elle avait réussi à maîtriser pour raisonner le patient et le calmer.

Fabrice finit par la lâcher et recula brusquement le buste pour planter ses yeux dans les siens. Arrêt sur image. Temps suspendu.

Il la fixait sans ciller, jaugea son adversaire, aussi encombrant qu'impénétrable. Un adversaire à la hauteur de ses démons intérieurs.

Soudain, Zoé n'eut pas le temps d'anticiper. Elle sentit les deux mains puissantes qui enserraient son cou. Le regard de son agresseur était toujours fixé au sien, mais était à nouveau vide. Totalement vide d'émotion. Un trou béant qui menait au néant.

Bien évidemment, le pouls de Zoé s'était accéléré. Sous sa poitrine, les tambours du Bronx dont il lui semblait sentir les percussions dans son crâne. Ce n'était pourtant que les battements de son cœur. Elle tâcha de conserver son calme, mais elle commençait à manquer d'air.

Dans cette situation, une seule solution. Elle n'hésita pas. Un coup puissant de la paume de la main, porté au creux de l'estomac, eut un effet instantané. Fabrice se jeta en arrière sur le canapé, en toussant, le souffle court. Zoé se redressa vivement, rétablissant la distance nécessaire.

Il la regarda d'un air hébété, reprenant pied dans le réel.

— Qu'est-ce que vous foutez là ? grogna une voix pâteuse.

— C'est une plaisanterie ? Vous venez d'essayer de m'étrangler !

En même temps, Zoé porta instinctivement les mains à son cou pour le masser.

Fabrice, quant à lui, la fixait toujours, incrédule, puis regarda ses mains comme pour vérifier que ce qu'elle lui disait était vrai.

Merde ! J'ai essayé d'agresser cette femme ?

Zoé faisait les cent pas, se reprochant son manque de vigilance face à une crise psychotique. D'accord, elle était à moitié ensommeillée, mais dans ce cas, elle aurait dû prendre des précautions. *Cauchemars, hallucinations, attitude de repli. Les symptômes n'étaient pas anodins.* Elle avait le nécessaire dans sa trousse de secours. Elle n'aurait pas dû hésiter.

Elle se ressaisit néanmoins, retrouvant son professionnalisme. Il fallait qu'elle saisisse l'occasion pour en venir aux faits.

— Finies les conneries. Dis-moi quel est ton problème !

Zoé utilisa volontairement le tutoiement, feignant la colère. Si elle voulait qu'il se confie, elle devait le bousculer un peu.

Fabrice avait l'impression que le sort s'acharnait sur lui. Après ce qu'il avait déjà traversé, il s'était cru enfin libéré de ses démons dans cette montagne, pensant la couche de neige assez épaisse pour les ensevelir. *Mais non, il fallait que ces foutus humains le rattrapent ! Et une gonzesse qui plus est ! Peut-être aurait-il mieux valu la laisser crever sur le chemin...* Maintenant, il allait devoir s'expliquer. Et les explications, c'était pas vraiment son fort... Surtout quand il devait se rendre des comptes à lui-même. Pourtant, il ne pouvait se dérober vu son attitude. Il avait atteint le point de rupture. Il s'exprima d'une voix alcoolisée :

— Juste fait un cauchemar... Ça m'arrive quelquefois...

Il fit une brève pause avant de s'emporter malgré lui :

— T'aurais pas dû descendre aussi !

— Pas dû descendre ! Parce que t'aurais fait quoi, toi, si tu avais entendu hurler en pleine nuit ? Si tu crois que c'est de gaieté de cœur que je suis descendue voir ! poursuivit Zoé sur le même ton.

Fabrice resta penaud, assis sur son canapé défoncé. Zoé le trouvait vulnérable. Si fragile sous sa carapace.

— Tu sais, je suis psy... Ça te ferait peut-être du bien de parler... tenta-t-elle avec précaution, tout en s'asseyant sur la margelle devant la cheminée.

— Psy... Céline m'a poussé à suivre des séances d'hypnose avec l'une de ses amies psy, mais bof... ajouta-t-il d'une voix faible.

— Céline ?

— Laisse tomber...

— Une petite amie ?

Zoé guettait sa réaction, satisfaite qu'il aborde enfin le sujet.

— Ma femme, rectifia-t-il sans réfléchir.

Un long silence retomba sur eux.

Ne jamais laisser le silence s'éterniser avec un patient, se formula instinctivement Zoé.

— Elle t'a quitté ? se hasarda-t-elle, connaissant les risques d'une question aussi directe dans un entretien psychologique.

— Disparue... Jamais retrouvée...

Il se tut. Puis ajouta, les yeux brillants :

— C'était ma faute...

Zoé tâcha de ne manifester aucune émotion particulière.

— Je vois... Et tes cauchemars, c'est quel genre... ?

— La guerre... L'Afghanistan...

— Bon... D'accord. C'est du lourd... Je propose que tu récupères et qu'on en parle calmement demain. Je suis psychiatre dans l'armée. Je traite souvent par hypnose les militaires traumatisés. Je pense que quelques séances pourraient te faire du bien. Tant que je suis là...

Fabrice ramena les jambes contre son buste et les enserra de ses bras, dans une attitude de repli. Cocon illusoire. Il ne répondit pas, se murant dans le silence.

Zoé attendit encore quelques instants puis comprit qu'il avait fait assez d'efforts pour la soirée.

Elle prit congé et regagna sa chambre.

Elle ne boitait plus. Fabrice était certainement trop alcoolisé pour avoir remarqué ce détail...

Chapitre 8

Août 2008. Paris/Côte d'Azur

Fabrice ne voyait que le rouge. Un rouge amer et vermillon qui dégoulinait le long des cercueils. Dix cercueils méthodiquement alignés dans la cour d'honneur des Invalides, formant la lettre « V ». Tel un sinistre oiseau aux ailes déployées arrêté net en plein vol. Un V qui n'avait rien en commun avec celui de la victoire. Plutôt celui épointé des vaincus.

C'était pourtant une belle journée.

« Une belle journée pour mourir », comme ils plaisantaient souvent sur le front. Aujourd'hui, même le cynisme avait déserté Fabrice.

Il était là physiquement pour cette cérémonie d'hommage, mais son âme était restée en Afghanistan, sur le *« théâtre des opérations »*. Une vaste comédie où la chair et le sang se mêlaient bien trop souvent dans une boucherie apocalyptique.

Perdu au milieu de cette cour pourtant noire de monde, Fabrice ne parvenait à détacher son regard des drapeaux tricolores qui flottaient partout et vacillaient sous ses yeux. Formes mouvantes et hypnotiques, les couleurs de la France que portait notamment à bout de bras Patrick, l'un des « héros » du régiment de parachutistes d'infanterie de marine qui brandissait un étendard. Affichées également en écharpe autour du cou d'un officiel bouffi. Recouvrant aussi les dix cercueils reposant sur les pavés. Des pavés qui en avaient supporté le poids de tant d'autres avant eux.

De ces trois couleurs, Fabrice ne percevait que le rouge depuis que son visage s'était noyé dans le tissu sanglant du drapeau alors qu'il transportait, en tête de cortège, cinq minutes plus tôt, l'une des bières jusqu'au centre de la cour, au son de la marche funèbre. Au pas militaire.

Sous un soleil radieux et accusateur.

Plusieurs fois depuis son retour d'Afghanistan, trois jours auparavant, il avait eu des flashs qu'il ne parvenait pas à contrôler, lui qui avait pourtant habituellement une grande maîtrise de ses actes et de ses émotions. Mais ça, c'était avant.

Le rouge avait aujourd'hui à nouveau ravivé les souvenirs de l'embuscade.

Les tirs. Les cris. Les regards. Et le silence, encore plus pesant que le tumulte de la guerre.

Les souvenirs remontaient comme une vague écrasante et venaient se mêler à la réalité de cette cérémonie *décorum*.

Les yeux exorbités, Fabrice avait l'impression d'étouffer.

La voix du Président de la République se perdait au milieu du champ de bataille.

« C'est à vous que je m'adresse, au-delà de la mort… »

« À 150 mètres… Trois millièmes de plus… Ajuste la mire »

« Tant de vertus »

« Il ne respire plus. Il est mort lui aussi… »

« Les insignes de chevaliers de la Légion d'honneur »…

À trente-deux ans, cela faisait déjà dix ans qu'il s'était engagé. Des guerres, il en avait connu. Et pas des moindres. Bosnie, Kosovo, Centrafrique, Côte d'Ivoire… Il avait trouvé sa voie et une famille dans la Légion. Un nouveau départ dans la vie et une nouvelle identité. Juste avant d'épouser Céline.

Tout dans son physique traduisait habituellement sa force de caractère. Ce jour-là, pourtant, il n'était plus qu'une épave. Méconnaissable. *Exit* le cliché « gueule de baroudeur ». Ses épaules étaient avachies et ses joues creusées. Ses yeux rouges. Toute lumière avait abandonné son regard.

Le son du clairon qui vint résonner dans la cour d'honneur l'extirpa de ses visions apocalyptiques et il se mit au garde-à-vous par simple automatisme. Un tic nerveux lui arracha néanmoins un étrange rictus. Tout son corps était tendu, presque tétanisé sous l'effet de l'émotion.

Chaque homme a ses failles. La sienne était invisible.

Un trauma pourtant profond.

Droit devant lui se tenaient les familles des dix soldats morts au combat. Des femmes vêtues de noir, éplorées. Des vieillards marqués par l'âge et la douleur. Un jeune homme accroupi sous le poids du chagrin. Ils étaient nombreux à pleurer, mais aucun son ne sortait de leur bouche. Ce silence était pire que des gémissements.

Soudain, ses yeux accrochèrent ceux de l'enfant. Un petit garçon blond au regard profond qui s'efforçait de rester digne.

Le portrait de son père. Le portrait de Sylvain, son coéquipier et meilleur ami. La même fierté dans le regard.

Il tenait, protecteur, la main d'une petite fille légèrement plus âgée que lui. Sa sœur. Le petit corps tout entier de la fillette était secoué par des sanglots d'une vision insoutenable. Elle tenait de son autre main un ours en peluche qu'elle serrait contre son visage et avec lequel elle essuyait les grosses larmes qui roulaient sur ses joues. Le même sentiment d'impuissance qu'en Afghanistan afflua en lui. Fabrice défaillit imperceptiblement.

Il aurait tant voulu courir vers la petite fille et la serrer dans ses bras, lui, qui bien qu'il se soit marié six ans auparavant, n'avait toujours pas trouvé la force intérieure de devenir père.

Et, s'il tenait l'enfant contre lui, que lui aurait-il dit ? Qu'il n'avait pas pu sauver son père ? Que celui-ci était un héros et qu'elle pouvait être fière de lui ?

Qu'importait pour elle… Elle ne reverrait jamais plus son papa. Il ne serait pas là quand elle réussirait son bac. Pas là quand elle se marierait. Ses futurs enfants seraient privés à leur tour de grand-père.

La vérité, c'est que Sylvain était mort à cause de lui. Parce qu'il avait raté son tir. Un tir manqué pour la première fois de sa carrière, mais l'erreur avait été fatale.

Fabrice serra encore plus fort la mâchoire pour réprimer à son tour le sanglot qu'il sentait affluer.

Pour la première fois en dix ans, il ne parvenait pas à gérer le stress.

Pour la première fois en dix ans, il réalisait qu'il n'y avait rien d'héroïque en Afghanistan. C'était le même merdier qu'au Viêt Nam. Rien qu'un atroce carnage.

Il avait soudain l'absurde conscience que les soldats n'étaient que des pions. Aussi insignifiants que de vulgaires moustiques, écrabouillés sans l'avoir vu venir.

Il serra les poings encore plus fort, tendu comme un arc. Arc dépourvu de flèches.

Il ne retournerait plus au combat. Cette seule certitude le répugna encore un peu plus. Il n'était qu'un monstre égoïste au moment de rendre leur dernier hommage à ses frères d'armes.

Il n'était qu'un lâche. Conviction qui finit de l'anéantir.

Une nouvelle grimace de dégoût traduisit son malaise. Il n'avait qu'une seule hâte, que la cérémonie se termine.

Il put enfin se relâcher lorsque le Président remit la dernière Légion d'honneur posthume.

C'était fini.

* *

L'A320 avait décollé la veille du tarmac de Kaboul avec à son bord notamment les trois rescapés de la dernière embuscade qui venait d'endeuiller la France. Au-dessous d'eux, déployés le long de la piste, flottaient sinistrement les drapeaux en berne de toutes nationalités. L'aéroport afghan était perdu en plein désert, quadrillé par les sommets vertigineux de l'Hindu Kush, mur de roche et de glace qui séparait le pays en deux.

C'était un mois d'août. Un mois d'août qui aurait aussi bien pu être un mois de décembre tant le monde extérieur était devenu transparent à Fabrice.

L'Airbus avait atterri à l'aéroport de Nice à 18 h. 8 h de vol sans escale.

Après le traumatisme psychologique, le choc culturel avait été assuré au moment de poser le pied sur le tarmac. Le tireur d'élite avait observé à travers les brumes de sa conscience la Méditerranée, d'un côté, sur laquelle mouillaient quelques yachts de luxe, et les Alpes à l'horizon. Devant lui, une multitude d'officiels et de journalistes s'étaient précipités à leur rencontre. Ils lui avaient fait l'effet de charognards à l'assaut de cadavres ambulants.

Il avait juste eu envie de hurler, mais aucun son n'était sorti de sa bouche.

Le lendemain, ils avaient été transportés sous haute escorte à Paris pour la cérémonie d'hommage à leurs camarades morts dans l'embuscade.

*
* *

Les semaines qui suivirent, Fabrice resta cloîtré dans son appartement cannois du Riou, avec cette impression terrible d'être revenu de l'enfer, tel un mort-vivant. Inapte désormais à la vie civile. Inapte à la vie tout court…

Tout juste remonté des abîmes, il avait dû replonger dans la caverne. Une matrice où chacun s'affairait à des futilités. Ou ressassait ses petits désagréments quotidiens.

Le café trop chaud…

Le temps trop pluvieux…

Les cheveux mouillés qui frisaient…

Le téléphone qui n'avait plus de batterie…

Tout était sujet à des plaintes lamentables qu'il ne pouvait plus entendre.

Qu'étaient ces désagréments devant une vie humaine pulvérisée par un tir ennemi ?

Une balle que Fabrice ne pouvait s'extraire du cerveau.

Il respirait la guerre et ne voyait partout que du sang. Ne ressentait plus que l'odeur de la mort. Une odeur qui collait à la peau malgré les douches successives et que même le parfum de luxe de Céline ne parvenait à estomper.

63

Sa femme n'était d'ailleurs pas la dernière à l'exaspérer. Ce matin, elle s'était cassé un ongle juste avant de partir à son cabinet. *« C'était pas de chance… »*

Avait-elle changé elle aussi à ce point ou ne savait-il plus regarder ?

Quand Fabrice entendait cela, il aurait voulu les emmener tous sur le front.

Tu vois ce crâne explosé comme une pastèque ? …Ce bide éventré par une roquette… Cet enfant de huit ans équipé d'une bombe ? Ça, c'était vraiment pas de chance !…

Fabrice ne voyait plus comme eux. Il ne savait plus sentir, non plus. Plus toucher. À peine respirer.

L'armée avait pourtant rapidement proposé une prise en charge de ses enfants au retour du front. Fabrice avait fait un séjour après le drame dans le « caisson de décompression ». Deux jours dans un hôtel à Chypre en bord de mer pour une « réadaptation à la vie civile » afin de « perdre les mécanismes d'adaptation au combat ». Les massages, la sophrologie et l'entretien avec un psychologue lui avaient permis de faciliter son retour. De franchir ce cap difficile.

Avec succès. « Apte à la vie civile » …C'était écrit dans son dossier militaire à côté du tampon officiel.

Pourquoi alors ce profond sentiment de néant ?

Céline avait bien essayé de l'aider. Ses attentions insupportaient Fabrice sans qu'il ne comprenne pourquoi.

Peut-être seulement parce qu'il était légionnaire.

Il ne voulait pas de son attention, pitié qui finissait de l'anéantir.

Un légionnaire ne fléchit pas. Un légionnaire se doit de vaincre ou de mourir.

Il avait manqué à son devoir. *Pourquoi la mort alors n'avait-elle pas voulu de lui ?*

« Il faudrait que tu continues à voir un psy… » Céline était toujours de bon conseil. Il ne le supportait plus.

Quel civil aurait pu comprendre ce qu'il avait vécu en enfer ? Aucun psy n'était formé pour faire revenir un mort à la vie.

Alors, Fabrice s'enfermait. Tentant de fuir les images insoutenables. Ces visions dépourvues de langage. Il se coupait de tous. De tous, mais pas de la guerre.

La guerre définitivement tatouée dans son cerveau.

Chapitre 9

6 h 30.

Céline observait son reflet dans le miroir de la salle de bain.

Elle finit d'accrocher deux pendants d'oreilles qui soulignaient harmonieusement son long cou gracile. Elle termina par deux pulvérisations de son parfum habituel. Ses paupières scintillaient légèrement derrière un voile de fard nacré et un soupçon de *blush* venait égayer son teint fatigué. *Pas mal pour quelqu'un qui dort si mal la nuit…*

Rapide coup d'œil à sa montre *Guess*. Elle devait quitter l'appartement dans dix minutes si elle ne voulait pas être en retard. Avec la circulation qu'elle allait rencontrer, comme toujours à Cannes, même au mois d'octobre, elle ne devait pas traîner. Il lui faudrait d'abord passer au cabinet et revoir sa plaidoirie pour l'audience de 9 h. Encore un divorce. Ce qu'elle détestait le plus, surtout en ce moment. Elle avait déjà bien assez à faire avec ses propres problèmes de couple.

Elle sortit de la salle de bain, traversa le couloir et passa devant la chambre dont la porte était fermée. Fabrice dormait encore. Céline espérait qu'il ne se lèverait pas à nouveau à midi et qu'il s'occuperait. Qu'il sortirait surtout.

Elle soupira. Depuis son retour d'Afghanistan deux mois plus tôt, depuis l'embuscade qu'il ne fallait pas nommer devant lui, Fabrice se terrait, esquivait toute sortie et tout dialogue. Il s'était mis à boire aussi. Quelques bières d'abord puis était passé à la vodka.

Elle avait bien essayé de l'aider. Elle le poussait à se faire soigner. Il se murait dans un silence indifférent. Elle étouffait. Entre eux, un mur d'incompréhension et de mépris réciproque s'était dressé.

Elle entra dans le salon, face à la chambre, fouilla au fond des deux tiroirs du buffet, trouva un post-it et un stylo puis s'assit devant la table ronde.

« Je n'aurai pas le temps d'aller chercher le pain, ce serait gentil que tu fasses un saut à la boulangerie. Il n'y a plus non plus de lait ni de jus de fruits. À ce soir mon amour. Je t'aime... »

Elle espérait que cela suffirait à l'extraire de l'appartement. Elle en doutait néanmoins.

Céline avait l'habitude des retours du front de son mari. Il lui fallait chaque fois un temps de réadaptation lorsqu'il revenait. Mais là, c'était autre chose. Il était brisé. Pourtant, ce n'était pas la première fois qu'il perdait des compagnons... *Pourquoi ne se relevait-il pas cette fois ?* Il sursautait au moindre bruit, ne décrochait presque plus un mot ou se mettait à hurler pour rien. Il refusait évidemment d'en parler.

« Tout allait bien », assurait-il, chaque fois qu'elle l'interrogeait.

Déni total.

Céline avait naturellement demandé conseil à Cassandre qui lui avait dit de se montrer patiente et lui avait parlé du syndrome de stress post-traumatique que rencontrent beaucoup de soldats au retour du front. C'était encore un sujet tabou chez les militaires. Silence radio. Les soldats victimes ressentaient de la honte. Un soldat ne faillit jamais, si ce n'est d'une balle. Certainement pas d'une blessure psychologique.

Cassandre avait suggéré à Céline de passer leur rendre visite à l'appartement. *Peut-être aurait-il envie de lui parler ? Elle pourrait sans doute l'aider.* Mais Fabrice refusait de voir Cassandre.

Céline se sentait si démunie. Elle qui avait toujours été passionnée par la psychiatrie se rendait maintenant compte qu'un cas réel était bien difficile à gérer. Surtout quand il s'agissait de son propre mari.

« Fabrice est comme une bête sauvage. Il te faut être patiente pour le domestiquer à nouveau. Comprends-le ! » avait ajouté Cassandre.

Le comprendre. Céline le voulait bien. Mais depuis quelque temps, elle se sentait agressée par les remarques blessantes de Fabrice. Lui qui était si amoureux se mettait à la critiquer sur sa superficialité. Il lui reprochait de ne plus s'intéresser qu'à des choses futiles, d'être matérialiste, de vivre dans l'apparat et l'abondance et pourtant de désirer toujours plus, toujours mieux. Il lui avait tenu des discours complètement farfelus... Il la blâmait de désirer plus d'options pour sa voiture alors qu'un moyen de transport individuel ne sert qu'à aller d'un point A vers un point B... *Si tout le monde se déplaçait en « 2 CV » il n'y aurait plus d'excès de vitesse, plus de PV, ni de morts, ni d'agressivité... Le véhicule standardisé ne serait plus l'excroissance des égos boursouflés !* Il s'était complètement enflammé sur le sujet... *Ridicules ces voitures aux lignes agressives, aux soupapes dopées aux stéroïdes pour finalement n'avoir le droit qu'à un minable 80-90 km/h ! Les apparences... Toujours les apparences !* Voilà ce qu'il lui reprochait. Il disait préférer une poignée de figues et d'amandes à grignoter en pleine nature plutôt que les simagrées dans les restaurants, du style : « Oui… alors… avec ce cru, nous serons plus sur une note boisée… »

Un jour, il lui avait dit que si elle désirait sans cesse ce qu'elle n'avait pas, lui avait pour sa part besoin de ce qu'il avait, qu'il continuait de désirer ce qu'il avait déjà, c'est-à-dire pas grand-chose… Et au final, plus rien, constatait Céline. Depuis son retour, il n'avait plus aucun désir.

Un fossé s'était creusé entre eux.

Il est vrai qu'elle avait changé depuis son départ. Elle culpabilisait bien sûr en y songeant. Il lui avait pourtant fallu aussi tenir.

Elle aurait naturellement voulu tout effacer et retourner en arrière.

Mais comment ? Et puis, ne se mentait-elle pas un peu à elle-même ?... Avait-elle vraiment envie de changer quoi que ce soit ? N'était-ce pas seulement sa mauvaise conscience qui la rappelait à l'ordre ?

Elle avala un dernier café, alla chercher sa mallette et son sac à main dans son bureau, passa à nouveau devant la porte de la chambre. Elle hésita à aller embrasser Fabrice. Elle se ravisa. Elle n'avait pas envie de le réveiller brusquement, le voir se dresser dans le lit, surpris par ce contact humain inattendu.

Elle soupira et sortit de l'appartement. Guidée par l'habitude, l'esprit ailleurs, elle se rendit jusqu'à l'ascenseur, descendit au sous-sol désert où elle retrouva sa *Mini Cooper* garée à sa place. Elle démarra, jeta machinalement un coup d'œil dans le rétroviseur afin de vérifier sa coiffure, puis quitta le parking pour s'engouffrer au cœur des embouteillages du lundi matin.

Sa matinée s'étira difficilement. L'audience s'était déroulée dans la précipitation, comme c'était le cas de plus en plus fréquemment. Elle avait débuté avec une heure de retard et Céline n'avait pas eu le temps d'exposer réellement les faits et de défendre correctement le dossier, la juge aux affaires familiales n'ayant cessé de l'interrompre, lui demandant de conclure, arguant que d'autres affaires attendaient dans le couloir... *Parodie de justice comme bien souvent. Une pièce de théâtre parfaitement rodée.*

En sortant, l'avocate salua rapidement sa cliente complètement déstabilisée par l'audience et la confrontation avec son ex-mari.

Deux, trois mots de réconfort si régulièrement répétés :

« Ne vous en faites pas. Je vous tiens au courant dès que j'ai un retour. Passez une bonne journée, madame Thierry... »

Dans le couloir du TGI, les avocats en robe noire et blanche se serraient les mains chaleureusement pour une nouvelle comédie.

— Céline, je ne savais pas que tu venais plaider ce matin ! lui lança avec son petit sourire charmeur Félix, procureur et fils du très célèbre Maître Colbart.

— Une audience de conciliation, oui. Et une heure de retard...

Elle lui rendit en même temps son sourire.

— On dîne tous ensemble ce soir chez Luis. Cassandre sera là elle aussi. Je pensais justement t'appeler...

Félix ponctua sa phrase d'un clin d'œil. Il ne pouvait s'empêcher de draguer toutes ses consœurs du barreau. Pur exercice de séduction. Un petit jeu qui n'avait rien de bien méchant, et dans lequel beaucoup de femmes entraient, sans attendre davantage, flattées elles aussi d'attirer son regard. Ce n'était là, pour Félix, qu'une manière de tester son *sex appeal*, rien d'autre...

Le sourire de façade de Céline s'effaça. Elle baissa les yeux. Cela n'échappa pas au procureur.

— Non, ce soir Fabrice et moi avons d'autres projets... Ce sera pour une autre fois...

Il s'approcha encore de Céline et, la main sur son épaule, lui glissa à l'oreille :

— Si un soir, tu t'ennuies un peu trop avec Fabrice, tu sais où me trouver...

Sur quoi il lui lança un dernier sourire qui se voulait énigmatique et tourna les talons, traversant fièrement le long couloir qui menait à la sortie. Quelques femmes levèrent les yeux vers lui à son passage. Il ne changeait pas, toujours dans la représentation...

Céline, quant à elle, ragea un peu. Elle n'aimait pas quand il allait trop loin et se la jouait tombeur. *Pour qui se prenait-il !* En même temps, sa propre conscience la rattrapa. *Qui es-tu pour juger ? Tu n'as quand même pas oublié la soirée avec Roberto !*

Une vague de honte l'envahit, mêlée de regrets. Tout était si léger auprès de ses collègues. Auprès de Cassandre.

Pourquoi était-ce si compliqué avec Fabrice ? En même temps, n'était-ce pas justement ce côté revêche qui l'avait fait fondre lorsqu'elle l'avait rencontré dix ans auparavant ?

Céline tourna les talons, regagna les vestiaires et troqua sa robe d'avocate pour une tenue de ville.

Retour à son cabinet pour son prochain rendez-vous dans moins d'une heure. Halte sur le chemin pour s'acheter une salade au snack de l'angle. Elle ne verrait pas l'après-midi passer, comme d'habitude.

Chapitre 10

Début 2009. Quelques mois plus tard. Côte d'Azur

Les semaines avaient défilé. Tendues, mornes ou insipides. Céline avait une nouvelle fois succombé.

Il lui attacha les mains derrière le dos et passa la corde à différents endroits sur son corps selon une technique dont elle ignorait tout. Agenouillée sur le lit, la tête sur un oreiller, ses seins étaient enserrés par les tours de corde, tout comme son sexe et ses hanches.

Le regard noir de sa partenaire brillait de désir, elle découvrait le bondage et elle aimait ça. Cela l'excitait.

Il écarta ses jambes de ses genoux pour mieux la posséder puis glissa plusieurs doigts en elle. D'un mouvement souple, il allait plus profondément, lui arrachant un doux gémissement. Il accéléra le rythme s'accordant sur la montée de plaisir de sa maîtresse, jusqu'au moment où il sentit poindre l'orgasme et alors, caressant des doigts un certain point, il la fit jouir. Plusieurs jets inondèrent ses doigts…

Alors, il s'arrêta net.

Il la libéra et la guida face au mur contre lequel il la plaqua, serrant son cou d'une main et tirant sa tête en arrière par les cheveux de l'autre main. Il la sodomisa ainsi jusqu'à ce qu'elle crie de plaisir. Jusqu'à l'orgasme, le corps luisant de transpiration et les jambes en coton. Alors, il éjacula sur les reins encore cambrés de Céline.

Il savait que c'était nouveau pour elle et cela l'excitait

davantage.

Posséder ainsi une femme mariée, la sodomiser alors que son mari ne s'y aventurait pas, c'était cela la vraie jouissance à ses yeux. Dominer ce qui ne pouvait l'être, pervertir ce qui était encore pur, il ne prenait son pied que comme cela. Car tel était le vrai pouvoir à ses yeux. Il prévoyait de la baiser à l'occasion dans le parking souterrain du palais de justice, sur le capot de sa voiture, au risque de se faire surprendre.

Céline n'était ni la première, ni ne serait la dernière. Ce n'était d'ailleurs plus sa favorite. Bien sûr, elle n'en savait rien.

Ce soir-là, ils n'avaient pas eu le temps d'utiliser leurs petits gadgets. *Paddle*, cravache ou autre fouet. Céline devait rentrer. Il était bientôt 20 h et son mari l'attendait. *Dommage…*

Dix minutes plus tard, elle était sous la douche, à tenter de nettoyer les traces de l'adultère.

Comment avait-elle atterri dans les bras de Félix ?
Trop facilement.

Elle ne supportait plus d'être invisible aux yeux de Fabrice. Ils se côtoyaient comme des revenants dans l'appartement depuis des semaines. Étaient devenus des inconnus. Au moins, avec Félix, elle avait l'impression d'exister et ces rapports brutaux lui permettaient d'exorciser toute cette souffrance qu'elle ne parvenait à crier. Elle manquait d'affection et de tendresse. Ce n'est pourtant pas ce qu'elle venait chercher auprès de son amant. Juste besoin d'une étreinte brutale pour compenser la solitude. Elle avait alors l'impression d'être encore vivante. La douleur lui rappelait qu'elle existait.

Elle quitta la douche italienne, évitant consciencieusement le miroir qui lui faisait face, imaginant ainsi ne pas avoir à affronter sa culpabilité dévorante.

Elle attrapa le peignoir molletonné sur le porte-serviette design et posa le pied sur le carrelage en marbre. Cette salle de bain et la maison tout entière respiraient le fric. De cela aussi elle avait besoin, ne survivant depuis quelque temps que dans l'excès de tout ce qu'elle exécrait auparavant. Essentiellement le fric et le vice.

Elle se rhabilla à la hâte, quitta la salle de bain et rejoignit son amant qui l'attendait, en peignoir, dans le salon, un verre de *porto* à la main.

— Pas ce soir Félix, répondit-elle au verre tendu. Tu sais qu'il me faut rentrer.

Il l'enveloppa de son sourire compréhensif et l'embrassa lascivement.

Elle quitta ses bras avec un mélange de regret et de honte.

Elle regagna sa voiture.

Félix rejoignit sa salle de bain en chantonnant. Il se débarrassa de son peignoir et se glissa sous la douche. *C'était une très bonne journée qui s'achèverait aussi bien qu'elle avait commencé !* Il venait à peine de se sécher que son portable sonna dans la chambre. Il s'empara à la hâte d'une serviette qu'il noua autour de la taille et saisit à temps son *smartphone* encore posé sur la table de nuit.

— Alors, mon chéri, tu te fais désirer ? Toujours dans les bras de Céline ? Tu sais que j'attends l'invitation à me joindre à vous l'un de ces jours…

Félix sourit. Il reconnaissait bien là Cassandre…

— Moi non plus je ne serais pas contre un petit plan à trois, mais je ne suis pas sûre que Céline soit déjà prête pour ça… Il faudra patienter encore un peu…

75

Depuis que Cassandre savait qu'il avait enfin mis Céline dans son lit, elle ne cessait de vouloir obtenir davantage de détails. Cela la mettait en appétit...

— Vous avez baisé comment aujourd'hui ? Tu lui as encore fait découvrir de nouveaux plaisirs ? Tu sais qu'elle a beaucoup à apprendre…

Félix entendait son souffle à l'autre bout du fil. Il pouvait presque en sentir la chaleur tellement cette femme était sensuelle.

— Détrompe-toi… J'ai gagné mon premier défi. Contrairement à ce que tu pensais, elle est loin d'être aussi coincée de ce côté-là. Premier orgasme anal aujourd'hui. Et atomique ! J'ai en prime une surprise pour toi… Un enregistrement à regarder ensemble !

Ce petit jeu-là, cette triangulaire amoureuse à l'insu de Céline échauffait aussi Félix, faisant naître en lui d'autres fantasmes dont ils se nourrissaient tous deux.

— Oh ! Je m'incline. Et félicitations pour l'enregistrement ! Mais n'oublie pas que tu n'auras véritablement remporté la partie que quand on se retrouvera tous les trois dans ton lit… En attendant, je me contenterai de la vidéo. Tu arrives quand ?

— Je m'habille et suis chez toi d'ici une demi-heure.

— Je t'attends. Mais ne tarde pas trop parce que dans la tenue que j'ai revêtue, je vais vite attraper un rhume…

*
* *

Fabrice avait passé une partie de l'après-midi avec

Cassandre.

Un nouveau moment douloureux. Nécessaire néanmoins. À force d'entendre Céline lui rabâcher qu'il devait se faire soigner, il avait fini par accepter les séances d'hypnose thérapeutique proposées par Cassandre. Après tout, c'était la meilleure amie de Céline. …Même si cette femme l'agaçait et qu'il se demandait encore comment ces deux-là avaient pu devenir si vite des amies de toujours. Il avait cédé, à la seule condition que ce soit elle qui se déplace chez lui et non l'inverse. Ces consultations semblaient importantes pour son épouse. Et lui n'avait plus rien à perdre.

Pourtant, il dut se rendre à l'évidence. Cela n'arrangeait rien. C'était même pire.

— Ne t'inquiète pas. Les premières séances sont terribles parce qu'elles ont pour but de faire ressurgir les images traumatisantes du passé. Cela s'estompera. Fais-moi confiance, expliquait Cassandre d'un ton rassurant.

De toute façon, il n'avait guère d'autre choix. Si les visions ne sortaient pas avec elle, elles continuaient à le hanter la nuit et même quelquefois en journée, de manière inopinée.

Provoquées par un bruit.

Un geste.

Une situation.

Il se sentait esclave de ses propres pensées et avait l'impression de devenir fou.

Quand cela cesserait-il ?

La culpabilité le rongeait. Il ne pouvait même plus regarder Céline dans les yeux. Il se sentait si étranger à elle. N'avait plus goût à rien.

Comment faisait-elle pour le supporter et continuer à vivre à ses côtés ?

Apparemment, elle saturait aussi. Il remarquait bien qu'elle passait davantage de temps au boulot, acceptant toujours de nouveaux dossiers. « Sa manière à elle de tenir », pensait-il.

En revanche, il ne pouvait le nier, ils ne se regardaient plus. Ils s'observaient tout juste. Chacun inapte à comprendre le langage de l'autre, comme s'ils étaient connectés sur des réseaux différents. Deux chaînes câblées, totalement brouillées l'une pour l'autre.

Il était encore plus de 20 h quand sa femme rentra ce soir-là. Céline trouva Fabrice affalé dans le canapé. Cela ne variait pas.

Ils se saluèrent du bout des lèvres. Comme absents.

Sur la table basse, le journal était ouvert sur les gros titres de la veille : *le serial killer des boîtes de nuit a encore frappé*. Ce n'était pas ce genre d'actualité qui sortirait Fabrice de sa morosité ! Elle ramassa le quotidien et le jeta directement dans la poubelle.

Elle déposa ensuite sa mallette sur son bureau, alla se changer dans la chambre, troquant sa petite robe noire de marque pour un legging et un tee-shirt gris plus confortables. Épuisée, elle s'allongea quelques secondes sur le lit, les yeux perdus au plafond, songeant à son après-midi auprès de son amant et tentant de retrouver un peu de force pour aller préparer le dîner.

Elle se leva mécaniquement, gagna la cuisine, sortit finalement du congélateur un plat préparé.

— Un coup de main ?

La voix de Fabrice la tira de sa rêverie.

— Ça ira, merci. Je sors juste des surgelés…

— Tu as raison. C'est parfait, lança-t-il en essayant de se montrer intéressé.

Il ouvrit les placards et mit le couvert au salon.

Vingt minutes plus tard, ils étaient installés autour de la table ronde. Céline rompit le silence pesant en lui racontant son audience du matin. Inintéressant, mais efficace quand il s'agissait de meubler. Fabrice, perdu dans ses pensées, ne saisit que des bribes de phrases. « Client en retard… » « Téléphone à Cassandre » « Rendez-vous demain… »

Elle tenta de le dérider en caricaturant un client excentrique. Il faisait semblant de sourire.

Combien de temps encore tiendraient-ils à jouer cette comédie ?

Chapitre 11

Août 2008. Hiver 2010. Afghanistan/Alpes-de-Haute-Provence

Août 2008.

Ils étaient englués depuis des mois dans le trou suffocant d'une vallée afghane. Noyés au milieu du sable et de la chaleur, la poussière réduisant leur vision à une écrasante monochromie. Partout cette teinte vieil ocre qui venait alanguir leurs journées.

Fabrice et Sylvain avaient été les seuls légionnaires envoyés dans ce camp, détachés de leur régiment comme bien souvent. Le tireur d'élite et son observateur avaient été appelés en renfort auprès de jeunes recrues. C'était une situation assez fréquente sur le front.

Ils avaient atterri sur une piste défoncée en plein désert au mois de septembre avec une flopée de jeunes gorgés de patriotisme. Ceux pour lesquels c'était la première mission. Ceux qui n'avaient pas connu les génocides, les horreurs de la guerre.

Le regard de Fabrice en disait long sur ses pensées. Il essayait de se convaincre.

Concentre-toi sur la mission, vieux, et oublie-les.

Il s'efforçait de les ignorer, ne s'adressant quasiment qu'à Sylvain, avec lequel il avait déjà presque fait le tour du monde et qui, de coéquipier, était devenu son meilleur ami.

Leur *tour operator*… le Ministère de la Défense.

Leurs destinations de rêve… Bosnie, Kosovo, Rwanda,

Mali…

Des voyages qui marquent.

Les bleus, eux, parlaient trop à son goût. À tort et à travers. Ils parlaient de la guerre qu'ils ne connaissaient pas encore. Des talibans dont ils ne soupçonnaient pas la rouerie. Ils parlaient entre eux, parlaient au téléphone, parlaient des vidéos qu'ils faisaient à longueur de journée, comme autant de trophées héroïques à se repasser par la suite entre amis.

Ce flot de paroles épuisait bien plus Fabrice que la chaleur ou la monotonie de l'attente. Samy surtout l'agaçait, lui qui se croyait embarqué dans une partie de jeu de *Call of Duty*. Un petit blond grande-gueule qui semblait prendre la guerre pour une séance de *paintball* et qui faisait son *kéké* à longueur de journée dès qu'un camarade le filmait.

Sur le campement, en plein désert, ils vivaient parqués à cinq ou six dans des tentes de fortune, avec des caisses de munitions en guise d'étagères. La promiscuité, il fallait faire avec.

Une attente lourde et pesante avait fini par s'abattre sur le camp avant la première véritable opération.

Fabrice avait bien eu une perm' pour les vacances de Noël… mais revenir parmi les civils avait été une épreuve encore plus difficile. D'autant qu'il avait laissé Sylvain seul en Afghanistan. À son retour, dans le camp, ils avaient à nouveau tué le temps.

Ils se livraient, à l'occasion, à une patrouille en blindés des villages alentour où ils n'étaient pas les bienvenus. Les jeunes soldats novices se croyaient envoyés sur ces terres comme le messie. Pour beaucoup d'Afghans, ils n'étaient que des infidèles commandés par le Diable. Des suppôts de Satan pourris par le fric et le vice. Des enfants sur le bord des routes agitaient d'abord leurs bras tout maigres en les voyant arriver. Après leur passage, ils les caillassaient. Alors, les *bleus bites* commençaient à comprendre ce que c'était que la guerre. Fin du jeu.

Le soir, ils faisaient leur ronde autour du camp en suivant un chemin sécurisé pour éviter les mines qui les encerclaient. Toujours sur leur garde. Surtout la nuit.

L'annonce de la première mission était venue griser les jeunes. Son but, la reconnaissance d'un col particulièrement sensible. Ils iraient au contact.

Samy s'était mis à échafauder des plans d'attaque. Il se voyait déjà enfumer ces *p... de talibans*.

Fabrice et Sylvain avaient compris que l'opération manquait de préparation. Mais les ordres sont les ordres. Il fallait obéir.

Aveuglément.

Même si les zones d'ombres se multipliaient.

Trois jours avant le départ, le lieu de leur expédition avait déjà été révélé. C'était tôt. Trop tôt. *Ça puait.*

Au regard en biais que Fabrice et Sylvain se lançaient, chacun comprit que l'autre pensait la même chose. Ils se gardèrent bien d'en parler et, encore plus, d'alerter les jeunes. Sur le front, on conserve ses doutes pour soi.

Le *sniper* et son observateur furent envoyés en appui, deux jours avant le départ de la section pour l'opération de reconnaissance.

La nuit était déjà avancée quand Fabrice et Sylvain finirent de s'équiper de leurs cinquante kilos de matériel dont leur gilet CIRAS renforcé par de lourdes plaques de blindage, de leur sac à dos équipé de rations et d'eau pour tenir plusieurs jours en montagne.

Au moment de partir, le visage de marbre du tireur d'élite parut se fissurer, son esprit traversé l'espace d'une seconde par le sourire mélancolique de Céline. Comme avant chaque mission.

Les visions de ses camarades déjà morts au combat explosèrent ensuite à leur tour sous son crâne. Autant de flashs violents et tranchants. En même temps, une phrase ne cessait de tourner en boucle dans sa tête : « Eh, les gars. Vous savez quoi ? Je vais être papa ! » Fred avait appris la nouvelle quelques jours plus tôt. Le jeune lieutenant était excité. Il avait facilement communiqué son euphorie au reste du groupe. À tous, mais pas à Fabrice qui était resté plongé dans ses pensées.

Le binôme quitta le camp en pleine nuit, *ghillies* sur le dos, pour rejoindre le col à pied.

Des heures de marche sur des chemins escarpés, en altitude. Vigilance absolue. Sens nécessairement en éveil.
Le col s'ouvrait à une altitude de 1450 mètres et, bien au-delà, l'immensité de sable. Partout une poussière orangée. Toute la journée, un soleil de plomb. Plus de 39 degrés, mais heureusement, plus ils montaient et plus la température descendait. Au-dessus d'eux, les cimes étaient enneigées. C'était à l'image de l'Afghanistan, terre de contrastes et d'antagonismes. …Des chaleurs accablantes et des sommets glacés.

Partout, le désert, les montagnes et le sable.

Tout autour la chaleur, le silence.

Entre Fabrice et Sylvain, peu de paroles échangées. La

concentration était de rigueur, la tension était palpable comme pour chaque opération de ce genre et le danger présent. Ils pouvaient presque en sentir le souffle.

Il leur fallut vingt heures avant d'atteindre la position choisie pour leur mission. Fabrice et Sylvain avaient laissé derrière eux le désert pour rejoindre une enclave stratégique surplombant le col. De là, ils devaient rester en observation, aux aguets, pour couvrir l'approche des troupes prévue vingt-huit heures plus tard.

La suite des événements. Qu'en reste-t-il dans l'esprit de Fabrice ?

Un conglomérat informe d'images et d'odeurs.

Les deux jours d'observation s'étaient déroulés sans encombre. Le convoi avait pu prendre la route pour les rejoindre. Alors qu'il était en approche, à 9 h du matin, le hurlement d'une femme remonta subitement du village, loin en contrebas. En un instant, Fabrice et Sylvain furent copieusement arrosés par une rafale de tirs provenant de la ligne de crête.

Ils se tenaient pourtant tous deux au sol en position d'Hawkins, totalement dissimulés aux yeux de l'ennemi, l'observateur allongé à la droite de son tireur.

Si le convoi était bien visible, plus bas, impossible en revanche d'avoir été eux-mêmes repérés. À moins d'une fuite, comme ils l'avaient redouté.

Fabrice était en proie à la colère. *Comment avaient-ils pu se laisser surprendre ?*

Il tenait le fût de son *Barrett 50* d'une main ferme. Il expira doucement pour faire redescendre la pression après cette attaque-surprise, l'œil dans le viseur. Prêt à dégommer l'ennemi.

— Tireur embusqué sur la ligne de crête. À 800 mètres, observa Sylvain d'une voix assurée, les yeux vissés à ses jumelles de précision.

Fabrice ajusta sa visée.

Un tir, un mort.

One shot…

Jamais la devise du *sniper* n'avait résonné aussi fermement sous son crâne.

Il ne devait pas faillir. N'avait pas le droit à l'erreur. Pas de tremblements imperceptibles.

Il jura intérieurement à ces pensées parasites au moment d'actionner la détente alors que Sylvain suivait de ses jumelles la traînée de la balle jusqu'à son point d'impact.

… Raté de deux millièmes.

L'observateur eut juste le temps de communiquer à Fabrice les corrections de tir.

— Deux millièmes à gauche…

Le sifflement d'une balle fut bientôt freiné par un obstacle.

Le crâne de Sylvain explosa comme une cruche en argile.

Des fragments de cervelle vinrent se répandre sur le visage de Fabrice au moment où il actionna une nouvelle fois la détente et atteignit sa cible.

Mais c'était trop tard...

Lorsqu'il ouvrit les yeux quelques heures après dans l'infirmerie du camp, Fabrice sut qu'il ne se réveillerait plus de ce cauchemar. À tout jamais enfermé dans cette vision d'horreur.

Comment effacer le crâne de Sylvain réduit à un trou

béant ? La moitié du visage arrachée. C'était une vision insoutenable.

Brusquement, le visage de Céline remplaça celui de Sylvain, comme chaque fois qu'il se remémorait la scène.

Tu t'es loupé mon vieux. T'as laissé ton pote crever...

Depuis ce jour-là, il errait dans la vie tel un fantôme.

Sylvain était mort à cause de sa concentration insuffisante.

À cause de lui.

Sylvain, tout comme neuf autres de ses camarades qui se trouvaient plus bas dans le convoi.

Par sa faute. Son manque de sang-froid.

Fabrice souleva une nouvelle fois les paupières.

Face à lui, deux yeux noirs plantés dans les siens.

Il crut que c'étaient ceux de Céline, si semblables. Mais c'était ceux de Zoé.

À ses pieds, Ajax le regardait fixement en remuant la queue. En face, la cheminée crépitait.

Lui était en nage, comme toujours après l'hypnose.

Nul besoin de mots. La psychiatre l'avait fait parler. Nouvelle intrusion dans son appareil psychique après les séances avec Cassandre.

Il n'y avait rien à regretter. Qu'il se fasse soigner, c'était bien ce que Céline voulait.

Il ne se rappelait plus très bien comment Zoé l'avait convaincu de se livrer à une séance d'hypnose. Il se souvenait vaguement qu'elle lui avait expliqué être psychiatre et spécialisée dans l'aide aux victimes de traumatismes. Elle avait précisé qu'elle intervenait pour le compte de l'armée.

Cette séance l'avait épuisé, mais il se sentait tout de même plus léger.

Il ferma les yeux une nouvelle fois et s'endormit.

Chapitre 12

Hiver 2010. Alpes-de-Haute-Provence

Réveil amer des lendemains difficiles.

Fabrice avait finalement réussi à se rendormir après la séance d'hypnose avec Zoé. Pourtant, au petit matin, l'amertume remonta bien vite.

L'heure des comptes était pour bientôt.

Zoé lui avait tendu une main. Qu'il ne méritait pas.

Il savait pourtant qu'il n'était qu'un lâche. Un meurtrier. Combien de temps encore à mentir ?

*
* *

Zoé, quant à elle, n'avait pas fermé l'œil après avoir regagné sa chambre. Elle était beaucoup trop tendue pour cela. Fiévreuse aussi. Fabrice lui avait laissé entrapercevoir son traumatisme. Sévère.

Comment aller plus loin désormais ?

Son rôle ne devait pas s'arrêter à des séances d'hypnose. Il fallait qu'elle trouve les preuves. Ici… Quelque part… C'était bien pour cette mission-là qu'elle s'était proposée. Taisho lui faisait confiance. Et les jours étaient comptés. Elle n'avait pas hésité une seconde quand son ami lui avait demandé son aide. Un même code de l'honneur hérité à la fois de leurs origines asiatiques communes et de l'armée l'avait poussée à accepter.

À 9 h, elle était debout. Elle entamait son troisième jour au chalet.

L'Asiatique, emmitouflée dans ses vêtements d'homme, paraissait si frêle. Des yeux noirs en amande et de longs cheveux ébène, raides et détachés, venaient encore adoucir ses traits fins et sa peau claire. Sous son crâne pourtant, une détermination d'acier.

Le chalet était plongé dans le silence. Fabrice n'était pas là. Il ne devait pas être bien loin vu les conditions météorologiques qui ne s'étaient pas améliorées.

Un rapide tour des lieux s'imposait. Nécessité de trouver un indice. « Une aiguille dans une botte de foin », songea-t-elle aussitôt.

Combien de temps avant de découvrir ce qu'elle cherchait ?

Allez, ma vieille, reste optimiste… Taisho compte sur toi !

Et puis, elle savait où commencer ses recherches.

Après s'être assurée qu'elle était bien seule, elle remonta d'un pas vif à l'étage. Sur le palier, il lui fallait examiner ces cartons que Fabrice n'avait pas déballés et qui jonchaient négligemment le plancher. Lors d'un déménagement, les humains renfermaient toute leur vie dans ces entrailles de cellulose. Plus d'une dizaine se trouvaient entassés, quelques-uns éventrés déversaient déjà leur contenu.

Zoé examina un instant l'ensemble et détailla les objets qui émergeaient.

À première vue, rien de bien troublant.

De la vaisselle. Des papiers. Des bibelots.

Elle s'enhardit et en ouvrit un au hasard. Elle souleva les rabats.

... Odeur d'un ailleurs trop longtemps confiné. À l'intérieur, des vêtements. Soigneusement pliés.

Elle reposa le carton là où elle l'avait trouvé et observa, agenouillée, les reliques d'un passé rigoureusement scellé. Sa posture quasi religieuse la mit mal à l'aise. Elle s'assit plutôt en tailleur. Elle repéra alors un petit paquet bien emballé, l'un des rares à être solidement fermé à l'aide d'un gros adhésif.

Elle s'apprêtait à l'ouvrir, décollant avec précaution le scotch, espérant pouvoir par la suite le réajuster. Soudain, son propre cri perçant vint troubler sa concentration.

Un mulot venait de surgir derrière la pyramide branlante de cartons et s'était glissé entre ses jambes... Zoé pesta. Elle détestait les rongeurs et les insectes. Trop répugnants. Une véritable phobie. Et ici, elle était gâtée !

Cet endroit était vraiment un trou pourri. Un train fantôme plus vrai que nature...

Il allait lui falloir davantage de sang-froid.

Elle resta figée quelques secondes, le paquet entre ses jambes, à l'affût du moindre son. Le doute l'assaillit.

Fabrice l'avait-il entendue ?

Et s'il débarquait à l'improviste, que penserait-il de son indiscrétion ?

« Un peu de courage enfin ! Tu sais pourquoi tu es là ! » se sermonna-t-elle.

Elle reprit fébrilement le déballage du carton qui révéla enfin son contenu. Ses yeux s'agrandirent encore de curiosité au moment d'en découvrir la nature. Des petits yeux d'écureuil fureteurs...

Sur le dessus trônait un insigne militaire... Dragon orné d'un drapeau vert et rouge surmonté d'une grenade. Au-dessous, une fourragère rouge et ses deux olives. Elle savait ce que cela signifiait. Trophées du légionnaire qu'elle connaissait bien pour en avoir croisé tant au sein de l'armée. Les plus courageux. Des cas difficiles à traiter, car plus on tombe de haut, plus il est malaisé de se relever.

Pour le reste…, il s'agissait essentiellement de photos. Des soldats en plein désert. Dans un camp.

Sur l'une d'elles, Zoé reconnut Fabrice. Plus jeune. Souriant. Et une vraie lueur dans le regard. Il avait son bras autour des épaules d'un autre soldat qui riait comme lui. Un sourire qui bravait la mort.

« Quand avait-il cessé de sourire ? » soupira Zoé en reposant lourdement le cliché sous le poids du spleen.

Elle poursuivit son inspection. Tout au fond du carton se trouvait une boîte en fer dont elle s'empara. Elle la secoua. Bruit métallique à l'intérieur. Elle l'ouvrit et découvrit deux anneaux en or. Sobres. L'un plus grand que l'autre.

Elle saisit le petit et le fit rouler entre ses doigts fins.

Examen plus attentif. Une inscription gravée à l'intérieur.

« À Fabrice ».

Zoé observa le deuxième anneau.

« À Céline ».

La femme de Fabrice n'avait pas disparu comme ce dernier le lui avait dit. Zoé le savait déjà, mais l'alliance de son épouse dans cette boîte en fer le prouvait aussi. Céline ne s'en serait pas séparée…

Restait à faire éclater la vérité… Le plus subtilement possible pour éviter l'explosion…

En revanche, ce que Zoé cherchait ne se trouvait pas ici.

Elle remit avec précipitation les objets dans le carton qu'elle referma du mieux qu'elle put au moment même où elle entendit une porte grincer au rez-de-chaussée.

Au-dessous d'elle, les pas lourds de Fabrice.

Elle descendit sans attendre pour le rejoindre.

Elle le trouva à nouveau affalé dans son canapé, comme absent, encore une fois. Peut-être déjà alcoolisé à cette heure matinale. Elle l'examina à la dérobée.

Comment faire céder tes résistances, Fabrice ?

Tant de zones d'ombre à éclaircir et si peu de temps...

Elle balaya du regard le rez-de-chaussée. La porte à droite du coin-cuisine était restée ouverte. Zoé crut deviner un escalier qui plongeait au sous-sol.

Et qui menait à la cave, sans aucun doute.

Elle se promit d'aller inspecter les lieux dès qu'elle le pourrait.

Pour l'heure, si elle voulait avoir un nouveau sursis dans ce chalet, il fallait qu'elle continue à jouer son rôle. ...La randonneuse blessée coincée par la tempête...

Chapitre 13

11 h, un lundi matin comme tous les autres.

Fabrice était toujours au lit.

Il ne dormait pas.

Il ne dormait presque plus depuis son retour définitif. Il passait ses nuits à monter la garde, les yeux ouverts. Impossible de se plonger dans le sommeil, au risque de voir ressurgir les hallucinations et les fantômes du front.

Il fallait juste faire semblant. Pour paraître « normal » aux yeux de Céline.

Il l'avait entendue se préparer ce matin-là. L'avait entendue partir. Mais il était resté cloué au lit comme tous les jours, inapte à de se mouvoir.

Quand enfin il parvenait à extirper sa masse du lit conjugal, de toute façon c'était pour zoner dans la maison, incapable de faire quoi que ce soit. Ou ne faire que des conneries. Alcool. Ou même... C'était stupide, il le savait. Pourtant la seule manière d'évacuer cette boule d'angoisse qui le rongeait et le tétanisait, c'était de la faire sortir.

Alors, il allait mécaniquement jusqu'à la cuisine, ouvrait le tiroir sous la gazinière et s'emparait du couteau. Le plus tranchant, celui qui servait à désosser le gigot les jours de fête. Avec ce couteau, il s'entaillait profondément le torse jusqu'à faire jaillir le sang vermillon de la culpabilité. Sur le torse seulement, parce que personne ne s'en apercevrait. Même pas

Céline qu'il n'avait plus touchée depuis son retour, incapable qu'il était du moindre geste de tendresse, inapte à exprimer ses sentiments après ce qu'il avait vu et enduré. Le lit conjugal était devenu une tranchée aussi profonde que les charniers de la guerre.

Les nouvelles fréquentations et manières de Céline en disaient également long sur ce à quoi sa femme aspirait désormais. Et il était aux antipodes.

Castration assurée rien que d'y songer.

Sans complicité et attention dans son couple, le corps se vidait de toute sensualité pour redevenir cette pièce de viande rencontrée sur les zones de combat.

De surcroît, Céline avait fait allusion, depuis son retour, lors de certaines soirées mondaines, à des pratiques sexuelles dont ils n'avaient pas l'habitude. Fouet, bondage, et autres entraves dont ils plaisantaient tous et qui renvoyaient Fabrice aux horreurs de la guerre, aux brimades et asservissements subis par des femmes torturées au quotidien dans des pays où elles n'avaient même pas le droit de conduire ni de posséder un compte bancaire.

Face au miroir de la salle de bain, son propre corps intact le répugnait aussi.

Pourquoi n'avait-il pas été atteint comme d'autres d'une blessure bien sanglante qui aurait pu justifier son état mental délabré ?

Ce n'était qu'en voyant son sang impur goutter sur le carrelage blanc de la cuisine qu'il pouvait souffler un peu et parfois même sortir à la hâte pour aller chercher la baguette de pain que Céline lui avait commandée. Quand il s'y résignait, il le faisait à toute vitesse, sans se retourner, les yeux vissés sur un point fixe. Ne pensant à rien d'autre qu'à sa

« mission »…, ramener la baguette de pain.

Alors seulement il pouvait rentrer et se féliciter d'avoir accompli un acte normal. Attendre sa femme qui allait revenir du travail, aussi, comme un gentil toutou, dans le fauteuil du salon en mimant de regarder une série TV pourrie…

Une fois pourtant, la mission avait merdé. En sortant de la boulangerie, le regard scotché au sol, il n'avait pas pu éviter Taisho.

— Eh ! Fabrice… Ça fait plaisir de te voir mon pote !

Dans la rue anonyme, Fabrice avait d'abord sursauté en entendant son prénom. Ses yeux avaient alors furtivement croisé ceux d'un homme asiatique à la démarche féline et au corps svelte, mais puissant. *Taisho. C'était bien Taisho…* Son ancien camarade légionnaire.

De lointains souvenirs du Rwanda affluèrent comme une vague.

Son cerveau se ferma instinctivement à tout contact. Son rythme cardiaque s'accéléra.

La seule vision de son visage, figure du passé, avait fait ressurgir les machettes, les corps démembrés. Les regards suppliants.

Ses yeux s'étaient involontairement écarquillés. Ses mains s'étaient crispées sur la baguette de pain qu'il avait écrabouillée. Il avait baissé la tête et allongé le pas.

Taisho l'avait à nouveau hélé, derrière lui.

— Fabrice, tout va bien ?

Alors, Fabrice avait encore accéléré puis s'était mis à courir, bousculant au passage un individu qu'il avait entendu vociférer.

Une fois enfermé dans l'appartement, il s'était emparé du

couteau et avait exorcisé son mal.

Du sang.

Un soupir.

Du soulagement.

Le vide.

Taisho était resté abasourdi plusieurs secondes à regarder le tireur d'élite qui lui inspirait respect s'esquiver comme une proie. Un nouveau passant s'était retourné étonné sur cet Asiatique immobile au milieu du trottoir. Un mec arrêté net sur le trottoir ? Ce ne pouvait qu'être louche quand toute la société incitait au mouvement perpétuel. Même si ce n'était souvent que pour brasser l'air…

Une retraitée cannoise tout juste sortie de chez son coiffeur, brushing impeccable, apprêtée comme pour un mariage, remarqua de loin le Japonais aux cheveux mi-longs taillés en pointe et au regard sombre. Un pincement des lèvres contrarié traduisit son agacement. Elle descendit consciencieusement du trottoir pour l'éviter, serrant fermement contre elle son sac à main. Au moment où elle le croisa, elle maugréa en découvrant cette espèce de poisson tatoué sur son bras. *Encore, un délinquant, c'était sûr. On pouvait même plus être tranquille. Le quartier du Riou, c'était plus ce que c'était…*

Taisho, trente-quatre ans, directeur de la société SIA (Surveillance, Investigation, Assistance) et ancien légionnaire, resta quelques secondes planté sur le trottoir. Il arborait sur le bras droit le tatouage impressionnant d'une carpe *koï* et sur le cou une queue de serpent dont le corps semblait se prolonger sur son torse dissimulé sous une chemise noire de soie fine.

C'était là, avec l'ablation de la dernière phalange du petit doigt de sa main gauche, les vestiges de son intégration dans un clan yakuza.

Il analysa rapidement la situation.

Il n'y avait aucune logique dans l'attitude de Fabrice.

Et Taisho n'aimait pas ce qu'il ne comprenait pas.

Fabrice venait de bifurquer à gauche dans une impasse, à l'angle du boulevard du Riou, comme s'il avait vu le Diable.

Taisho hésita une seconde puis regagna son véhicule garé au pied de l'agence immobilière. Il s'engouffra dans son *Audi* noire, actionna le démarreur et sortit du parking. Au moment de s'engager sur le Boulevard du Riou, il jeta un coup d'œil à sa montre. 19 h 10. Il avait encore presque une heure devant lui avant son rendez-vous au Suquet avec son client.

Ton pote est dans la merde.

Une intime conviction.

Et Taisho avait appris à ne jamais faire taire son intuition.

Toujours suivre la voie du destin.

La seule fois où il l'avait ignorée, il l'avait regretté. Et il ne commettait pas deux fois les mêmes erreurs.

Au lieu de descendre le boulevard bordé de palmiers pour regagner la vieille ville qui surplombait la Méditerranée, il bifurqua immédiatement à gauche, sur les traces de Fabrice. L'impasse conduisait à l'arrière d'un bâtiment résidentiel de deux étages. Il gara sa voiture aux vitres fumées dans un angle du parking qui donnait derrière l'immeuble. De là, il avait vue sur les salons des résidents. Plusieurs d'entre eux étaient éclairés en ce début de soirée de septembre. Il coupa le moteur, éteignit ses phares. Derrière l'une de ces fenêtres anonymes se trouvait très certainement l'appartement de

Fabrice.

Après quoi courait-il tout à l'heure ? Que fuyait-il ?

Les questions se bousculaient dans sa tête. Taisho n'aimait pas cela, se sentant impuissant à trouver les réponses. Un coup de téléphone vint l'arracher à ses pensées. C'était Oshi, son oncle, restaurateur en région parisienne.

— Mon neveu. Tout va bien pour toi ?

— Ça va Oshi. Les affaires se développent. Trois nouveaux gros clients... Du gardiennage au Cap d'Antibes. Et pour toi ?

— Oh... La restauration, tu sais, c'est plus ce que c'était...

Taisho ne put s'empêcher de sourire. À entendre son oncle, son commerce était chaque année sur le point de s'écrouler alors que son chiffre d'affaires ne cessait de progresser. C'était déjà ce qu'il lui avait dit douze ans auparavant lorsqu'il l'avait accueilli à son arrivée du Japon. Et pourtant, le restaurant initial était toujours debout et Oshi avait en outre repris depuis deux autres affaires dans le 13e.

— Mais je ne suis pas encore à terre. Il en faudra plus pour briser Oshi.

Cela aussi Taisho le savait. Dans le triangle de Choisy, Chinatown parisien, Oshi était connu comme le loup blanc. Ce qui n'était pas qu'une expression vague pour les Japonais, fortement imprégnés par le récit du légendaire loup *Shinaui* que beaucoup redoutaient.

— Je te laisse donc à tes affaires, mon neveu. Et pense à appeler ton vieil oncle de temps à autre.

— Bien sûr, oncle Oshi. Tu sais que je n'y manque jamais chaque semaine.

— Tu es un bon neveu, Taisho, ajouta l'oncle d'une voix

sincère à l'autre bout du combiné. Bonne soirée, *oisan*[1]…

— Bonne soirée, *ojisan*[2]…

Taisho raccrocha son téléphone, rasséréné par cette conversation si simple, mais tellement essentielle pour l'homme attaché à ses racines.

En revanche, concernant Fabrice, rien de nouveau.

Il se décidait à repartir quand un coupé Porsche s'engouffra dans le parking. Il se gara entre deux voitures, sous les terrasses des appartements, à l'abri des regards. La portière côté passager s'ouvrit, éclairant l'intérieur de l'habitacle. Une jolie brune prit congé du conducteur en l'embrassant. Un baiser qui n'avait rien de chaste. Puis, elle sortit du véhicule.

Le coupé repartit en trombe au moment où la jeune femme passait devant l'Audi au moteur encore chaud.

Un verrou s'actionna dans le cerveau de Taisho. C'était Céline, la femme de Fabrice qu'il reconnut sans doute possible.

Il prit une longue inspiration pour digérer la nouvelle. Cette infidélité manifeste réveilla en lui de douloureux souvenirs. Et pour d'anciens légionnaires, un affront infligé à un camarade est un affront infligé à soi-même.

« Eau renversée ne retournera pas dans son bol », lui avait dit un jour son oncle.

L'expérience lui avait donné raison.

Fabrice avait du souci à se faire. Il commençait à

---

[1] *Oisan* signifie « neveu » en japonais.

[2] *Ojisan* signifie « oncle » en japonais.

comprendre les causes de son désarroi. En même temps, il le connaissait assez pour savoir qu'il n'aurait pas toléré cette infidélité. Il avait certainement besoin d'un appui. Taisho était là.

Le lendemain, deux de ses hommes étaient affectés à une double tâche :

Enquête et filature de Céline et Fabrice.

Ce serait peut-être inutile, mais quand le Japonais avait une idée fixe, il lui fallait aller jusqu'au bout.

Chapitre 14

Les jours s'étaient égrenés pour Fabrice.

Morne hiver figé, sans début ni fin.

Une hibernation d'une longueur monotone.

Les jours s'étaient égrenés pour Céline.

Éternel printemps, aveugle aux réalités du monde.

Une floraison factice, insouciante de l'automne approchant.

Taisho, lui, suivait sa voie.

C'était l'heure du thé ce jour-là dans son dojo, quartier de la Frayère à Cannes la Bocca. Au rez-de-chaussée d'un bâtiment gris de béton cellulaire, trois hommes étaient attablés dans un petit salon lambrissé attenant au dojo. À l'extérieur, un groupe d'enfants jouaient aux gendarmes et aux voleurs. À l'intérieur, Taisho servait son thé vert à Akim et Yuri, deux jeunes du quartier, devenus ses disciples après avoir été de petits délinquants.

La première fois que Taisho leur avait proposé un thé à l'issue d'une séance de karaté, les deux hommes avaient d'abord cru à une plaisanterie avant de comprendre par la suite que c'est par ce cérémonial que les samouraïs trouvaient force et sérénité.

Depuis, une lente, mais radicale métamorphose s'était opérée chez les deux jeunes.

Dans leur quotidien, le dojo avait remplacé les caves des

cités.

Le karaté, les bastons.

Le thé, les alcools.

Et Taisho, le dealer du coin.

Leur came, désormais, c'était l'art martial et la méditation.

« Si vous voulez que ce dojo soit une salle de sport, ce sera une salle de sport. Si vous voulez que ce soit un dojo, ce sera un dojo » expliquait toujours Taisho lors de la première séance aux nouveaux qui comprenaient alors ce qu'était véritablement un dojo, un « lieu où l'on étudie la voie ». L'endroit où l'on se découvre, se dépasse, en toute humilité.

Quatre ans maintenant que Taisho avait abandonné la Légion étrangère après bien des désillusions pour créer sa boîte qui lui assurait un revenu confortable. Il s'offrait ainsi du temps libre et avait pu ouvrir son propre dojo.

Le Japonais, troisième *dan* de karaté wado-ryu et de kendo, ne le regrettait pas. Outre la sérénité personnelle que cela lui procurait, il avait sorti quelques gamins de la rue grâce aux arts martiaux.

Quand il pouvait accorder une pleine confiance à ses élèves, Taisho leur proposait souvent un contrat au sein de SIA, sa société de surveillance et d'investigation. C'était le cas pour Akim et Yuri qui travaillaient pour lui depuis dix-huit mois déjà. C'était eux qui étaient chargés de l'enquête et de la filature de Céline et Fabrice.

— Vous aviez vu juste, patron, pour madame Barsac, commença Akim en ouvrant un épais dossier sur le plateau vitré de la petite table basse de cèdre. Elle baise bien avec un certain Félix, le fils du célèbre avocat. Et leur liaison est tout sauf *soft*, ajouta-t-il d'un air blasé, en éparpillant au-dessus du dossier des photos sans équivoque.

Céline menottée et bâillonnée aux barreaux d'un lit à baldaquin.

Céline à califourchon sur son amant.

Céline sodomisée contre le mur dans une chambre qui ouvrait sur une baie vitrée.

Assez peu discret…

— Je plains votre pote, ajouta Akim qui avait désormais fait de l'honneur son guide.

Le jeune Maghrébin, vingt-quatre ans, cheveux rasés et physique de boxeur soupira avant de s'adosser à la banquette sur laquelle il était assis près de Yuri qui dégustait son thé. Ce dernier compléta, après avoir reposé sa tasse :

— Pas de nouvelles réjouissantes non plus du côté de votre ami Fabrice, constata-t-il avec son accent russe très prononcé. Il ne quitte pratiquement pas son appartement. Et passe ses journées à picoler. Plusieurs voisins se plaignent des disputes et même d'éclats de voix quand Fabrice est seul. Sauf votre respect, patron, je crois que votre ami a complètement pété un câble. Il parle seul, ou plutôt hurle en pleine journée dans son appart. Il se croit encore chez les talibans, on dirait…

Taisho, assis sur un coussin, face à eux, resta quelques secondes à digérer ce qu'il venait d'apprendre. Les coudes en appui sur la table basse de bois rustique et les mains jointes à hauteur de son visage, il leva les yeux pour les poser sur le *boken*[3] accroché au mur devant lui.

Il inspira lentement. Ses yeux s'assombrirent encore.

---

[3] Sabre en bois utilisé pour l'entraînement.

— Bon travail, *deshi*[4]... Vous cesserez aujourd'hui vos investigations sur ce dossier. Et vous pouvez disposer.

Akim et Yuri se dévisagèrent, interrogatifs puis posèrent à nouveau leur regard sur leur *sensei*[5] et patron.

Akim, que cette situation mettait mal à l'aise, n'osait même pas se lever.

C'est Yuri qui le premier se redressa en saluant Taisho.

— On vous laisse, patron. Si vous avez besoin de nous, n'hésitez pas.

Taisho se contenta d'acquiescer par un grognement et un petit signe de la tête. Akim se leva à son tour. Il bafouilla, confus :

— Bon courage patron...

— Ce n'est pas de courage dont j'ai besoin, Akim. Mais de discernement...

Akim rougit encore une fois de sa maladresse et sortit sur les pas de son camarade.

« Trop con... Comment avait-il pu lui souhaiter du courage », se reprocha Akim qui connaissait pourtant les qualités de son patron, son sens de l'honneur et savait à quel point sa vengeance pouvait être terrible.

Jamais il n'oublierait l'épisode de Mina. Les souvenirs ne s'effaceraient plus.

Il se revoit, ce jour maudit, entrer tel un typhon dans le

---

[4] *Deishi* signifie « disciple » en japonais.

[5] *Sensei* signifie « maître » en japonais. Souvent employé pour les arts martiaux.

bureau de Taisho. En sueur, à bout de souffle, hurlant par saccades :

— Patron... Patron !...Y z'ont... chopé... Mina !!! Y vont lui faire la peau !!!

Le Japonais rabat alors le capot de son ordinateur portable avec un calme aux antipodes de l'agitation d'Akim. Ses coudes sont posés sur son bureau, son menton en appui sur sa main gauche enserrant la droite. Attitude réservée aux situations extrêmes.

— D'abord, tu te calmes. Ensuite tu me racontes ce qui s'est exactement passé.

La sérénité de son patron a un effet positif sur lui et c'est d'une voix maîtrisée qu'il peut lui expliquer :

— Je devais relever Mina de sa planque à 10 h. Elle était en sous-marin, garée à une trentaine de mètres de la maison de notre client. Donc, j'arrive à pied, discret quoi. Je vois notre camionnette en planque, normal. Et là, un van passe en trombe devant moi et remonte la rue. Il s'arrête brusquement devant la caisse de Mina. Trois mecs cagoulés jaillissent aussitôt, ouvrent brutalement la portière de la camionnette. Ils arrachent Mina du siège, un des trois types la matraque et hop... ils la balancent par la porte latérale grande ouverte du van ! Un démarrage style fusion gomme-asphalte et disparition... Ça n'a pas duré plus de trente secondes, patron !... J'ai quand même eu le temps de voir la couleur du véhicule. Il est marron et les vitres sont teintées en noir. J'ai noté sur ma main le numéro de la plaque. Regardez...

Taisho ignore le numéro. Il réfléchit à toute vitesse aux options possibles. Imperturbable.

Les yeux fermés, il laisse ses pensées défiler comme des

nuages autour de la cime d'une haute montagne. Le ciel de ses pensées dégagé, l'azur révèle l'une des sentences favorites du maître zen Omori Sogen : « quand une vache boit de l'eau, cette eau devient du lait. Quand un serpent boit de l'eau, cette eau devient du poison. »

Il sait clairement ce qu'il a à faire. Les causes et les conséquences s'évanouissent devant la nécessité de l'action juste. Ses années de jeunesse au Japon lui reviennent en mémoire… *Dojo, yakuza, bushido…* Les premiers yakuza n'étaient rien d'autre que les derniers samouraïs. Des rônins.

Il sait où il doit aller, mais il lui faut auparavant faire un détour chez lui pour prendre quelques petites choses et passer un coup de fil...

— Suis-moi. On y va.

Akim le suit sans poser de questions. Vaut mieux pas...

Arrivé sur le parking d'une grande surface plantée à l'orée de la cité où règne le gang local, Taisho jaillit de la poubelle qui lui sert de voiture banalisée.

— Bouge pas de là, Akim, je reviens. Ouvre l'œil.

— OK, patron.

À l'intérieur de la galerie marchande, il se dirige rapidement vers la presse-carterie dans laquelle il a donné rendez-vous à son indic avant de partir de chez lui.

Chaque minute compte.

La jeune fille est là. Faisant mine de feuilleter un magazine de mode.

Le Japonais s'approche du présentoir des revues automobiles, juste derrière elle. Dos à dos, ils peuvent discuter à voix basse tranquillement. La jeune fille fait son rapport. Elle a entendu une rumeur... La bande a un entrepôt sur un terrain vague à Vallauris. Elle le lui décrit. C'est tout ce qu'elle sait. Taisho la remercie et lui glisse l'enveloppe habituelle.

De retour dans son épave, il traduit ses inquiétudes à Akim.

— Prépare-toi au pire. Si la bande séquestre Mina là-bas, c'est que quelque chose de tragique nous y attend...

Akim se décompose, livide. Taisho redémarre déjà.

Il leur faut de nouveau changer de véhicule.

La dizaine de kilomètres pour arriver à Vallauris est parcourue en mode rallye. Sur place, ils trouvent très vite l'entrepôt à l'entrée de la ville. Le plus pourri, comme l'indic l'a décrit.

Deux zonards gardent plus ou moins l'entrée, perchés sur de vieux fûts métalliques en s'esclaffant devant l'écran d'un téléphone portable.

Leurs perchoirs se trouvant à une bonne dizaine de mètres de l'entrepôt, Taisho et Akim n'ont aucune difficulté à les prendre en tenailles par l'arrière. Deux félins en pleine traque.

Le Japonais agit le premier.

Étranglement.

Plus de sang.

Plus d'air.

Perte de conscience.

Akim assène un coup de crosse de pistolet et se débarrasse du second. Ils pénètrent en quelques secondes à l'intérieur.

L'espace y est découpé en plusieurs zones distinctes, comme dans une usine.

Taisho ne prête aucune attention au décor, se concentrant uniquement sur les éclats de voix et les rires étouffés qui lui parviennent à travers une petite porte en bois, au fond d'un immense et étroit couloir de parpaings.

Oreille collée contre la porte, ce qu'il entend ne laisse pas la place au doute.

Ils sont bien là.

Taisho dégaine deux armes blanches.

À l'intérieur, tous se figent. Tous, les yeux exorbités, fixent la porte en bois qui vient d'exploser, au sens littéral, sous un *yoko geri* d'une puissance phénoménale. Taisho a en effet asséné un coup de pied latéral d'une perfection létale.

Ensuite, tout s'enchaîne en accéléré pour les membres de la bande et au ralenti pour le Japonais-yakuza.

Trop tard… Ils arrivent trop tard…

Taisho ne regarde qu'une fraction de seconde ce qui reste de Mina.

Ses vêtements et sous-vêtements arrachés et découpés. Jetés en vrac à côté de la table métallique sur laquelle la malheureuse a manifestement subi une tournante. Puis, ces barbares ont déposé sur le corps meurtri des cordes à piano lestées par des blocs de fonte de plus en plus lourds… Ces fils en acier ont découpé Mina en tranches sanguinolentes de dix centimètres.

Une vraie boucherie.

À leur droite, l'un des types, qui pointe un calibre dans leur direction, n'a que le temps de voir le reflet de la lame du *wakisachi* de Taisho lui trancher net le bras au niveau du coude. Akim, pour sa part, ne peut réagir. Tout va trop vite pour lui.

Simultanément, Taisho qui tient de la main gauche un *tanto* effilé comme un rasoir, le dos de la lame contre son avant-bras, effectue un quart de tour en direction de l'individu et décolle proprement la tête de son corps.

Une roulade sur la gauche, le *tanto* s'envole vers un deuxième type et s'enfonce dans sa gorge. Arabesque sanglante. Il s'effondre, la carotide tranchée.

Vision périphérique. Un troisième s'apprête à l'arroser avec un automatique de type *uzi*.

Pas chassé. Célérité maximale de la lame du sabre court qui s'abat dans un arc de cercle parfait. Tranché de la clavicule au bassin, le morceau de tronc, surmonté d'une tête incrédule, glisse lentement vers le sol.

Le dernier individu, d'abord pétrifié, tire alors une rafale de fusil automatique dans sa direction. Mais Taisho n'est déjà plus là.

Déplacement éclair. Mouvement circulaire. Pluie d'*atemis*...

Craquement des os qui se brisent. D'abord celui qui tient le fusil.

Clé au coude, suivi d'un *tetsui*... *Crac*...

Coude qui enfonce la cage thoracique... *crac*...

Mawashi geri sur le côté du genou et la jambe se rompt comme une vieille branche.

Nez explosé d'un direct de la paume. Pharynx broyé d'un *shuto*.

Coup de grâce par un fulgurant *tsuki*, tête de dragon, qui provoque une explosion interne du cœur du tortionnaire.

Tout ceci ne dure qu'une poignée de secondes.

Durant l'assaut, Akim n'a pu qu'observer la scène, les yeux ronds, le corps comme plongé dans un pot de miel.

Où son patron a-t-il appris à se battre ainsi ?

Ce n'est pas le genre de combat pratiqué dans les dojos...

Taisho, pour sa part, ne perd pas de temps à s'interroger pour rien. Sa voix vient tirer Akim de ses réflexions.

— Va chercher un *jerrican* d'essence dans le coffre. Celui de quinze litres.

Le jeune s'exécute sans discuter pendant que Taisho achève les deux types assommés à l'entrée et traîne les corps à l'intérieur. Au retour d'Akim, il arrose copieusement les lieux d'essence. Pas d'indice. Aucune identification possible. Vengeance accomplie…

« C'est la voie du talion », explique Taisho. La seule envisageable dans cette situation…

« Non, décidément, impossible d'oublier cette journée-là… » se répéta Akim alors qu'il venait de fermer la porte du dojo.

À l'intérieur, Taisho resta encore de longues secondes sans bouger, songeant à Fabrice et à la meilleure façon de lui venir en aide.

Le son de sa voix vint rompre le silence :

« On ne peut empêcher les oiseaux noirs de voler au-dessus de nos têtes, Fabrice, mais on peut les empêcher d'y faire leur nid. »

Chapitre 15

Côte d'Azur

Au même moment, Fabrice était avec Cassandre dans son appartement du Riou, sorti d'une énième séance d'hypnose.

— Putain, Cassandre, faut arrêter ce délire ! J'en peux plus de revivre toujours et toujours ces mêmes scènes, hurla Fabrice en bondissant de son divan.

Cassandre était restée assise en tailleur à l'autre bout du canapé, stoïque. Ses longs cheveux blonds qui descendaient en cascade sur son épaule gauche lui donnaient l'allure de la *Vénus* de Botticelli. Elle garda encore le silence, un sourire imperceptible aux lèvres, ce qui accrut la colère de Fabrice qui vint frapper un grand coup en jurant dans le mur qui lui faisait face.

Il continua de hurler. Exorcisant sa rage.

Au bout de quelques minutes, il finit par s'asseoir sur l'une des chaises du salon, les traits toujours tendus, mais visiblement expurgé de sa colère.

— Tu connais déjà mon point de vue. La plupart des psychiatres te diront de ne pas te laisser aller à l'agressivité. Je pense au contraire que c'est par la violence que tu dois exorciser ton mal… Laisse-la sortir, Fabrice.

Cassandre fit une pause puis se leva, les bras dans le dos, arpentant la pièce d'un pas lent, jetant de temps à autre quelques regards appuyés sur Fabrice qui la dévisageait, interloqué par les propos qu'elle tenait.

— Notre société ne cesse de vouloir gommer toute forme

de violence parmi ses sujets. « La violence est un signe de barbarie »… « Les nations civilisées ne se livrent pas à la violence »… Pourtant, on n'a jamais autant fait la guerre qu'aux XXe et XXIe siècles. Et ce n'est certainement pas à toi que je l'apprends, Fabrice… Quelle hypocrisie ! La barbarie et la guerre sont des instruments politiques puissants. Des instruments qui visent à soumettre les peuples. Si on laissait les patients atteints de troubles psychologiques exprimer leur agressivité plutôt que de la canaliser et s'échiner à les faire entrer dans un moule, il y aurait certainement beaucoup moins de désaxés passant par la suite à l'acte… Tu as besoin de frapper ? Frappe ! Tu as besoin de crier ? Crie ! Cesse de te couler dans le moule que la société a voulu pour toi et sois enfin toi-même Fabrice !

Fabrice releva le visage, relâchant un peu ses poings crispés. Il avait bien mal jugé cette nana. Il la pensait légère et mondaine. Elle était subversive.

Il ne pouvait l'encaisser il y a quelque temps. Il ne pouvait se passer de sa présence désormais.

Pourtant, il n'allait pas mieux. Il allait même peut-être plus mal.

« Aux yeux des autres », lui répondit Cassandre. « Parce qu'en vérité, tu te rapproches de ta voie… De ton essence. De ton être intrinsèque. »

« Tu vas mal parce que tu n'assumes pas ta marginalité… »

« Tu n'es tout simplement pas fait pour la vie sociale ». « Tu es trop indépendant », « trop solitaire », « tu as besoin de solitude pour te sentir entier… Eh bien, assume-le ! »

Fabrice était stupéfait. En quatre mois seulement, Cassandre avait saisi ce qu'il lui avait fallu lui-même des années à découvrir. Si seulement Céline pouvait le comprendre comme elle.

C'était loin d'être le cas. Sa femme n'avait de cesse de le pousser à sortir. S'ouvrir aux autres. « Il faut que tu voies du monde ». Cela lui donnait envie de vomir rien que d'y songer.

Leur quotidien et leur intimité de jadis n'existaient plus désormais. C'était comme si une autre Céline avait pris possession d'elle. Il n'en comprenait pas les raisons.

Lorsqu'un beau matin, peu de temps après, Fabrice avait expliqué à sa femme qu'il voulait aller vivre dans le vieux chalet de son père dans les Alpes, elle s'était mise en colère, rouge de rage.

— Dans ce chalet pourri en pleine montagne ! Au fond d'une forêt ! Tu vas quand même pas encore t'éloigner de moi ! Toutes ces années sur le front, à ne rien partager... Ça ne t'a pas suffi ? Mais que cherches-tu encore à fuir ? Moi, apparemment ! Tu ne peux pas juste un peu te secouer... Retrouver une vie normale, non ? C'est pas en t'isolant que tu vas oublier la guerre...

— Je ne cherche pas à fuir. Je cherche juste mon équilibre, Céline..., répondit-il, tâchant de se maîtriser.

Sentiment profond d'incompréhension. Juste envie de hurler un bon coup comme Cassandre lui conseillait de le faire.

— Je te croyais altruiste, mais je constate que tu n'es qu'un égoïste, avait reproché Céline furieuse en claquant la porte de l'appartement.

Dès qu'elle eut franchi le seuil, elle s'en voulut. Après sa propre trahison, son infidélité, qui était-elle pour lui faire des reproches ?

Ces remords sincères ne suffisaient pourtant pas à la rapprocher de Fabrice. Le soir même, elle se consola dans les bras de Félix. Avilie, mais repue. Le sexe et le vice devenus son opium.

Le lendemain, Fabrice faisait ses bagages pour emménager dans son chalet, au cœur des Alpes. À plus de deux heures de route de la Côte.

La distance minimale pour fuir les fantômes, espérait-il.

« Ne compte pas sur moi pour te suivre ! » avait proclamé Céline. Elle passait néanmoins quelques week-ends avec lui dans son « trou » comme elle le disait. Histoire de se donner bonne conscience. Ils ne purent que constater tous les deux l'abîme qui se creusait à chaque séjour.

Cassandre, elle, rendait plus fréquemment visite à Fabrice. Ils poursuivaient ensemble sa thérapie. Elle le félicitait. « Tu vas beaucoup mieux ! » l'encourageait-elle.

Pourquoi Céline n'était pas Cassandre ?

Autrefois, cette pensée l'aurait détruit. Aujourd'hui, il l'assumait. Cassandre lui avait appris à le faire.

Les cauchemars, eux, étaient toujours là. « Ils font partie de toi. Accepte-les », répétait sans cesse Cassandre.

Fabrice avait aussi appris à cohabiter avec ses démons. Et ils commençaient à faire bon ménage ensemble.

Chapitre 16

Hiver 2010. Alpes-de-Haute-Provence

Quatrième jour.

Réveil serein pour Zoé.

Le chalet commençait à lui être familier, comme un vieil ami que l'on retrouve après l'avoir longtemps perdu de vue.

Passé le premier instant où elle ouvrit les yeux et émergea de sa nuit peuplée de rêves étranges, les objets qui l'entouraient reprirent rapidement leur place dans sa mémoire. Son regard se dirigea naturellement vers le mur à gauche, en direction de la petite fenêtre. Il neigeait encore. Cela lui offrait un jour de répit supplémentaire avant que Fabrice ne la raccompagne jusqu'au village le plus proche. De quoi continuer ses investigations dans le chalet…

Elle frotta d'un geste rapide ses yeux fatigués et jeta un coup d'œil sur sa montre. 8 h 10.

Les détails de la journée de la veille affluèrent.

La détresse de Fabrice. La mort de Sylvain. Le traumatisme… La culpabilité…

Il lui avait paru si fragile pendant cette séance d'hypnose qui avait eu lieu plus rapidement qu'elle ne l'espérait.

La veille au soir, elle avait tenté de joindre Taisho pour l'informer de l'avancée de sa mission. Pas de réseau. Certainement brouillé par la tempête. *Comme dans un mauvais film…*

Elle resta plusieurs minutes allongée dans son lit à

assembler quelques pièces éparses du puzzle. Les mains sous la nuque, elle pouvait dresser un premier bilan.

Voilà donc d'où venait le traumatisme de Fabrice. La mort de son coéquipier dont il portait le poids alors même qu'elle ne lui incombait pas. Céline qui parasitait sa concentration lors du tir était d'ailleurs sans doute tout autant à blâmer.

Elle soupira. Fabrice lui paraissait plus proche et familier.

Elle n'oubliait cependant pas qu'il avait essayé de l'étrangler l'avant-veille au soir.

Elle allait devoir redoubler de vigilance si elle ne voulait pas faire avorter le plan.

Pour pouvoir remplir sa mission, elle devait l'amener à parler. Sans prendre de risques inutiles néanmoins… Un combat psychologique à la fois stimulant et dangereux, elle le savait.

Il fallait aussi qu'elle retrouve les preuves éventuelles.

Elle s'assit sur le bord du lit. Tendit l'oreille.

Rien. Pas de bruit hormis le vent.

Fabrice était-il réveillé ?

Vlam ! Une porte avait vivement claqué au rez-de-chaussée.

Elle se leva précipitamment pour regarder par la petite fenêtre.

Où pouvait-il bien aller avec cette averse de neige ?

Sous ses yeux, le rideau de poudreuse obstruait l'horizon. Aucune visibilité. Pas âme qui vive à des kilomètres à la ronde.

Pas de trace de Fabrice.

De toute façon, avec cette quantité d'amas neigeux, il ne devait pas être plus loin que le seuil de la porte. Ou dans son cabanon, une nouvelle fois.

Elle descendit dans le salon qu'elle trouva vide comme elle l'imaginait.

Vide, mais toujours dans un état de désordre et de saleté auquel elle ne s'habituerait décidément jamais… Bien éloigné de son art de vivre personnel et, elle devait le reconnaître, son goût peut-être un peu excessif de l'ordre et de la discipline.

La table n'avait pas été débarrassée du petit déjeuner du matin. En son centre, posé en évidence, un bout de papier déchiré griffonné d'une écriture serrée : « Merci pour hier. N'en parlons plus. »

Zoé n'était pas étonnée de sa réaction. Déni habituel du traumatisme.

Elle soupira et observa la pièce.

Des bouteilles, cartons, journaux croulaient à côté de plusieurs sacs-poubelle à moitié éventrés. Du linge était jeté à même le sol, sur le dossier des chaises, le canapé, comme autant d'épaves d'une vie déréglée. Les murs lambrissés étaient gagnés par l'humidité et la moisissure. La table basse, envahie par des miniatures de soldats et des maquettes militaires, des canettes écrabouillées, et une multitude d'objets divers… montre, ouvre-bouteille, débris de verre, crayons mâchouillés, assiette sale… Un capharnaüm inimaginable. Une montagne de couleurs, de formes, et d'odeurs indescriptibles. Car bien évidemment, une odeur fétide de renfermé et miasmes de poubelle accompagnait ce foutoir… Un cloaque à la mesure du désordre intérieur qui gouvernait Fabrice.

Qu'il ne puisse pas se débarrasser de ses poubelles à l'extérieur par ce temps, elle pouvait le concevoir, mais il aurait au moins pu les descendre à la cave !

Zoé pesta. Elle tourna machinalement la tête vers la porte de la cave, cette planque dans laquelle Fabrice disparaissait souvent. La clé était dans la serrure pour une fois.

Une chance…

Ce qu'elle cherchait s'y trouvait peut-être.

Et puis, après tout, il ne lui avait pas interdit d'y aller…

Elle pourrait aussi toujours prétexter s'y être rendue pour récupérer un pot de miel ou une bouteille de lait… Ou descendre les poubelles…

Elle s'avança vers la porte, jetant un coup d'œil furtif en direction de l'entrée du chalet. Anxieuse, mais aussi grisée à l'idée de se faire prendre.

En marchant, elle se prit le pied dans le bas de son pantalon de survêtement trop grand pour elle et se rattrapa *in extremis* à la poignée de la porte qui fléchit.

Elle s'ouvrit et, yeux écarquillés, Zoé découvrit l'escalier sombre qui plongeait à pic au sous-sol. Elle appuya sur l'interrupteur à l'entrée.

Rien. L'ampoule devait être grillée. Si elle voulait toujours explorer la cave, il fallait qu'elle se résigne à descendre dans l'obscurité.

Elle respira un bon coup et s'enfonça dans les ténèbres.

Elle avança prudemment, marche après marche, posant une main sur le mur moite pour accompagner sa descente, l'autre en avant, fouillant la pénombre, car elle redoutait d'entrer en contact avec une toile d'araignée ou un insecte répugnant. Un rongeur peut-être qui lui glisserait entre les jambes comme l'autre jour. Elle frémit, tant à cause du froid que du fait de son imagination.

Ce n'était pas le moment de laisser les phobies prendre le dessus… Il fallait garder son sang-froid, rester concentrée. Et puis, elle ne faisait qu'une simple visite dans une cave…

Elle arriva enfin en bas des escaliers et se trouva face à une seconde porte qui accrut ses interrogations. Nouvel inconnu à franchir.

Pas d'hésitation cette fois-ci, elle abaissa d'un coup sec la poignée.

La porte s'ouvrit en grinçant, mais elle n'y voyait toujours rien. Seule une odeur encore plus rance vint agresser ses narines. Elle tâtonna pour chercher un autre interrupteur.

Aucun en bas des escaliers.

Elle plongea sa main sur le mur à l'intérieur de la pièce. Elle eut le souffle coupé quelques secondes. Ses doigts venaient d'entrer en contact avec une masse poilue.

Elle contint un hurlement, tâchant de se raisonner.

Rien n'avait pas bougé. Aucun signe de vie. C'était très certainement une peluche ou un bibelot.

Elle continua à palper le mur intérieur et découvrit enfin l'interrupteur. Elle l'actionna.

La lumière jaillit.

Cette fois, elle ne put retenir un cri de surprise lorsqu'elle les vit.

Des animaux. Partout.

Des dizaines.

Des corps entiers. Ou des têtes seulement.

…Empaillés.

L'effet de cette masse animale confinée dans un espace si restreint était tout à fait saisissant.

Voilà donc d'où venait cette odeur ! Une odeur rance de peau tannée.

Certains étaient accrochés à l'envers au plafond, griffes

tendues et gueule ouverte. D'autres fixés au mur, prêts à bondir. Certains disposés méticuleusement sur des tables dans des mises en scène étranges.

Zoé vacilla. Blême.

Combien de temps avait-il dû passer à ramasser ces bestioles pour les figer dans une éternité illusoire ?

Une autre pensée plus terrible éclata dans son cerveau.

« Ramasser » ces animaux, ou les traquer volontairement vivants avant de les massacrer et de les pétrifier à jamais ?

Elle frissonna.

Fabrice avait apparemment empaillé ici toutes les bêtes qu'il avait pu côtoyer dans ce désert de glace. Des plus petites aux plus imposantes.

Des souris, des loirs, des écureuils, un aigle, des reptiles aussi… et même un loup.

Où avait-il pu tuer un loup ? Et comment ?

Zoé préféra ne pas chercher de réponse…

Elle maudit en revanche Taisho au passage. Il aurait tout de même pu l'avertir du contenu de la cave !

Elle reprit son exploration.

Sur le mur du fond, un congélateur. Zoé frissonna en se souvenant de l'usage qui en avait été fait.

Concentre-toi ma vieille. Pas de temps à perdre.

Apparemment, rien d'intéressant ici. À moins que…, cette armoire de bureau, sur le mur de droite…

Zoé s'approcha et, la main sur la poignée de la porte, elle se raidit machinalement à l'idée de découvrir de nouvelles horreurs. Taisho avait beau avoir confiance en Fabrice, Zoé commençait à douter sérieusement de ses possibilités de guérison. Il était traumatisé par la guerre, c'était certain..

Mais ces animaux empaillés… Son agressivité… Cela faisait beaucoup de zones d'ombre…

Allait-elle vraiment pouvoir venir en aide à ce type ?

Espérant trouver des réponses, elle tira la porte à elle.

À première vue, rien d'inquiétant à l'intérieur.

Des photos de famille. Des dossiers administratifs. Des bouquins sur l'armée et la taxidermie. Rien de bien intéressant.

Au moment où elle allait refermer, elle remarqua le sac à main posé sur l'étagère du dessous. Un sac à main féminin.

Peut-être que…

Elle s'en empara avec espoir, ouvrit sans attendre la fermeture éclair pour examiner le contenu.

Un contenu bien maigre… Une pince noire à cheveux, un portefeuille...

Peut-être pas si maigre…

Zoé reprit espoir en remarquant une poche intérieure. Elle fit glisser la fermeture et plongea les doigts dans l'ouverture. Un sourire s'afficha sur ses lèvres lorsqu'elle palpa le contenu.

Oui ! La paire de lunettes était bien là !

Enfin…, elle espérait que c'était celle qu'elle cherchait.

Elle s'en empara, l'examina minutieusement. Sous toutes les coutures. Elle n'avait malheureusement rien de spécial. Elle s'apprêtait, déçue, à la ranger quand, en rabattant les branches, son doigt effleura la vis charnière. Une vis légèrement différente de l'autre pour un œil attentif. Elle appuya dessus, pleine d'espoir, et saisit avec jubilation la microcarte SD qui venait d'être éjectée.

« Yes ! » cria Zoé en sautillant sur place.

Elle n'en revenait pas. Des lunettes d'une totale

perfection ! Même l'objectif était parfaitement dissimulé dans la monture.

Une chance inouïe aussi de les avoir retrouvées dans ce chalet en tel désordre. Taisho avait raison. Le destin…

Il fallait qu'elle visionne les fichiers. Elle détenait là la preuve qu'elle cherchait. Il ne restait plus qu'à savoir si le contenu était à la hauteur des espoirs de Taisho et s'ils pourraient l'exploiter.

Zoé glissa la carte au fond de sa poche de survêtement et rangea rapidement les lunettes dans le sac à main qu'elle remit à sa place tout en bas de l'armoire. Elle referma la porte puis traversa la cave en tâchant de faire abstraction de tous ces yeux vides braqués sur elle. Elle remonta les marches deux à deux et regagna la chambre en un instant. Là, elle sortit son téléphone qu'elle cachait soigneusement sous l'oreiller et glissa la carte SD dans la fente.

Elle l'alluma.

En découvrant les premières images, elle eut un sourire de satisfaction.

À la fin du visionnage, Zoé pleurait.

**
*

Pendant ce temps, Fabrice s'était à nouveau enfermé dans son bûcher.

Aujourd'hui, il ne coupait pas du bois. Il était simplement assis sur un gros rondin, le regard dans le vide. Dans le noir. Objet abandonné parmi les autres qui s'entassaient dans ce bûcher plein à craquer. Comme le bois qui l'entourait, Fabrice ressemblait à un vieux tronc tout sec. Il avait retiré sa veste polaire trempée. Son tee-shirt était lui aussi mouillé de sueur et lui collait à la peau, soulignant ses pectoraux puissants et ses épaules carrées. Ses traits paraissaient encore plus tirés que la veille. Il inspirait le respect. Et en même temps, semblait aussi frêle qu'un enfant.

Des sentiments contradictoires se mêlaient en lui.

Des images décousues continuaient à se confondre dans sa tête. L'Afghanistan... La Côte d'Azur... Les allers-retours incessants entre les deux... Sylvain, Céline, les djihadistes et maintenant Zoé.

Avait-il vraiment besoin que la psychiatre vienne s'ajouter au décor ?

Il lui fallait peut-être parler, parler. Encore parler.

Pour faire sortir ce monstre qui le dévorait.

Chapitre 17

Avec l'éloignement de Fabrice parti s'installer au chalet, Céline passait de plus en plus de temps auprès de Félix, trouvant réconfort dans les étreintes brutales avec son amant. Elle en sortait vidée et repue à la fois et encourageait l'escalade dans l'extrémité de leurs ébats. C'était le genre de *shoot* qui lui permettait de se sentir vivante.

Ces derniers temps néanmoins, Félix était un peu plus sombre que d'habitude, visiblement préoccupé par son dossier en cours qui faisait la *Une* des médias. Il supervisait une sordide affaire de prostitution de luxe impliquant de riches industriels et politiques de toute nationalité. Certainement initiée par l'un des parrains de la mafia russe, Mickaël Bruchkov.

Des filles des filières de l'Est, des escort-girls, avaient été retrouvées assassinées d'une balle dans la tête après avoir subi des violences sexuelles d'une rare barbarie. Les corps avaient été ramenés par les courants à quelques jours d'intervalle en dépit des lests qui les avaient maintenus un temps au fond de la mer.

Le préfet se serait bien passé de cette publicité pour la Côte d'Azur. Il avait, au début, réussi à garder confidentiel le détail des sévices infligés qui, malgré l'état des cadavres, restaient d'une sinistre évidence. Puis l'affaire avait véritablement éclaté. Il fut impossible de cacher au grand public les rumeurs de mutilations. Lacérations et même brûlures à l'acide cherchant à masquer les trous de perceuse pratiqués avec un gros foret en de multiples endroits du corps afin de faire office d'organes sexuels. L'autopsie réalisée avait également révélé que l'une des deux filles retrouvées avait succombé à un arrêt cardiaque consécutif à la souffrance et l'épuisement endurés durant les sévices.

Les Alpes Maritimes n'avaient jamais eu à faire face à une telle sauvagerie. Des rumeurs désignaient certaines richissimes personnalités. Bien protégées apparemment.

Alors que le scandale croissait, l'enquête pour sa part s'enlisait.

Le tribunal était en effervescence. Félix était sous tension.

Bruchkov était impliqué. C'était évident. Mais aucune preuve, se plaignait-il auprès de Céline.

— Encore un salopard qui va passer à travers les mailles du filet, lui avait-il confié un soir au cours d'une discussion succédant à l'une de leurs étreintes.

— Tu n'as vraiment rien contre lui ?

— Rien du tout… Tu parles ! Les gens ont bien trop peur ! Et Bruchkov est très influent...

Félix conclut l'échange par l'un de ses baisers torrides qui effaçaient tout le reste.

Céline était révoltée. Même si elle passait du temps avec le gratin local, elle n'avait pas pour autant perdu tous les idéaux qui l'avaient poussée à devenir avocate. Que de telles pourritures s'en sortent parce qu'ils avaient le pouvoir et des relations la révulsait. Elle ne pouvait se résoudre à ce qu'il n'y ait plus de Justice. Et encore moins à voir régner la justice du plus puissant. « La raison du plus fort » ne devrait jamais être la meilleure…

Cassandre conseilla à son amie de prendre du recul.

— Tu as suffisamment de problèmes avec Fabrice. Oublie ceux de Félix. Il est assez grand pour les régler tout seul.

Discuter avec elle lui faisait tellement de bien. Elle savait dédramatiser et rendre les choses simples en quelques mots.

Cassandre avait elle aussi ses propres préoccupations. D'un autre genre. Elle continuait à suivre Fabrice et se démenait pour lui éviter de sombrer tout à fait. Céline se reposait sur elle, se contentant d'un bilan de temps à autre. Elle n'avait plus vraiment ni le désir, ni le courage de faire davantage. Sa relation avec Fabrice s'était délabrée comme une vieille bâtisse laissée à l'abandon. Même les fondations étaient atteintes. Que son amie le prenne en charge l'arrangeait bien somme toute.

Ce jour-là, Cassandre et elle flânaient le long de la Croisette en fin d'après-midi. C'était le mois de décembre, mais de belles journées ensoleillaient encore la Riviera cannoise. Le soleil déclinait derrière la Croix des Gardes et les Îles de Lérins devant lesquelles elles venaient de passer se couvraient d'un voile d'ombre, à quelques kilomètres au sud sur la Méditerranée. Un peintre installé devant son chevalet profitait lui aussi du calme de fin de journée pour représenter la mer dans un état de quiétude. Des célibataires ou jeunes couples arpentaient le bord de mer en *rollers*. De petits vieux regroupés sur les bancs regardaient la jeunesse se baguenauder et un frimeur en cabriolet ne put s'empêcher de les klaxonner au passage. Séduire était un sport national sur la Côte d'Azur…

Cassandre et Céline, toutes les deux élégantes, jeunes

femmes séduisantes, se fondaient naturellement dans le paysage de carte postale. Pourtant, Céline était loin de jouir de l'insouciance que le décor pouvait lui prêter.

— Je suppose qu'il n'y a pas d'avancée majeure dans tes séances avec Fabrice… interrogea l'avocate tout en imaginant déjà la réponse.

Cassandre, releva ses lunettes noires sur son front et s'arrêta, la fixant intensément.

— Absolument pas ! Pourquoi dis-tu cela ? Il a subi un véritable traumatisme… son attitude est tout à fait normale… Ce sera très long, mais tant qu'il ne refuse pas la thérapie, il y a espoir. Il est en bonne voie, la rassura-t-elle. Tu devrais te montrer un peu plus compréhensive Céline…

Cette dernière encaissa le reproche sans répliquer. Cassandre avait encore raison.

Elles reprirent leur marche et arrivèrent au niveau du Port Canto où Céline était garée.

Cassandre embrassa chaleureusement son amie qui culpabilisait à nouveau.

— Courage ma belle… On se retrouve ici jeudi ?

— Il n'y a pas de risque que j'oublie. Tu sais que j'ai besoin de ces escapades…

Un voile de tristesse avait recouvert son visage. Elle préféra ne pas s'appesantir.

Céline se dirigea vers sa *Mini Cooper*. Au moment de démarrer, elle jeta un dernier regard à Cassandre qui lui fit un petit signe délicat de la main et un sourire complice avant de disparaître derrière l'hôtel *Palm Beach*.

Heureusement que son amie était là pour elle.

*
**

Les faits et gestes quotidiens de Céline n'échappaient pas à Taisho.

Dans sa voiture noire ou derrière une paire de jumelles, il suivait discrètement l'évolution de la situation. Il avait assisté à l'éloignement de Fabrice dans les Alpes et ne pouvait que constater que Céline se consolait très facilement.

À plusieurs reprises, il avait voulu cesser sa filature.

À quoi bon jouer les anges gardiens ?

Et surtout, au nom de quoi ?

Cela ne le regardait pas après tout, comme Fabrice lui avait fait comprendre en ne répondant pas à son salut dans la rue.

À moins que son attitude ne soit un appel à l'aide…

Ces nantis que l'avocate fréquentait suscitaient également chez lui un certain dégoût. Et un malaise. La présence de Céline au milieu de tout cela ne cadrait pas. Taisho n'avait eu l'occasion de la rencontrer qu'à trois reprises, mais il conservait d'elle l'image d'une jeune femme simple dont les idéaux étaient semblables à ceux de son mari.

Pourquoi traînait-elle avec ces fils à papa ? Ces charognards ?

Inversement, quel intérêt pouvait avoir Félix Colbart à fréquenter Céline ?

D'autant que Taisho voyait bien qu'elle n'était pas sa seule maîtresse. Sa meilleure amie, une certaine Cassandre, était en tête sur la liste de ses partenaires régulières et depuis qu'il savait qu'elle était aussi la psychiatre de Fabrice, il avait le sentiment que tout ceci dépassait le simple adultère. Même dans le physique de cette Cassandre, quelque chose clochait. Elle était séduisante, mais de manière outrancière. Elle n'était pourtant pas provocante. À quoi tenait alors cette impression d'excessivité qu'il ressentait ?

Une chose était sûre, Fabrice et Céline s'étaient mis dans la merde en côtoyant ces serpents.

Mais jusqu'à quel point pouvait-on interférer dans la vie des gens ?

Ce n'étaient pas de simples gens, lui rappela sa conscience. *C'est ton pote ! Un ancien compagnon d'armes…*

Il se donnait encore quelques jours. Soit des éléments nouveaux se présentaient, soit il jetterait tout de même l'éponge. S'il n'était pas sur la bonne voie, la providence se chargerait de le lui faire savoir.

Une semaine après, il cessa toute investigation. Il était allé trop loin en se mêlant de la vie privée de son ancien camarade.

Chapitre 18

Alpes-de-Haute-Provence/Côte d'Azur

Le week-end suivant, Céline était montée en train jusqu'à Digne où Fabrice était venu la chercher avec sa vieille *Lada*.

Le séjour s'était déroulé dans l'état de tension habituel, encore aggravé par l'arrivée d'un jeune chien dans le quotidien de Fabrice. « Une sorte de berger du Caucase », lui avait dit son mari qui n'avait d'yeux que pour la boule de poils.

Pourtant, que pouvait-il trouver à ce petit monstre qui pissait partout, dévorait tout dans le chalet et aboyait au moindre bruit ? Sans parler de sa toison dense et ébouriffée et des touffes de poils qu'il essaimait dans toute la maison. Céline s'était mise dans un état d'agacement extrême et après le chien, c'est le chalet qui avait fait l'objet de nouveaux griefs.

Comment pouvait-il vivre dans ce lieu qui tenait davantage d'une décharge que d'une maison ?

Fabrice avait à nouveau perdu son sang-froid. Des objets avaient fini brisés, à l'instar de leur relation anéantie par la guerre.

Décidément, Céline ne comprenait pas.

Comment Cassandre pouvait-elle prétendre qu'il était sur le chemin de la guérison ?

Elle avait pris son sac, appelé un taxi et quitté les Alpes plus tôt que prévu ce dimanche, comme cela arrivait souvent.

Elle s'était empressée de rejoindre Félix.

Fabrice avait trouvé réconfort auprès d'Ajax et de sa fidèle bouteille de vodka.

Le lendemain matin, Céline avait traîné trop longtemps dans les bras du procureur et avait dû partir à la hâte, n'ayant que le temps de récupérer ses affaires dans le bureau de son amant avant de regagner le cabinet pour son rendez-vous de 9 h

Lorsqu'elle était arrivée à la porte de son agence, son client, Monsieur Minard, la cinquantaine, commerçant bedonnant, l'attendait déjà. Céline se retint de soupirer... Une longue journée monotone en prévision qui pesait par avance sur son moral.

Elle lui serra la main avec professionnalisme, arborant le sourire de façade, et le guida jusqu'à son bureau, saluant au passage Sylvie, sa secrétaire qui sirotait sans complexe son café.

Elle invita Minard à prendre place sur le fauteuil de cuir et s'assit elle-même face à lui, derrière le grand bureau noir et ouvrit sa mallette avant de se maudire en visualisant le contenu. Les documents qu'elle tenait entre les mains étaient ceux de Félix.

Ceux de l'affaire Bruchkov.

Ce n'était pas sa propre mallette.

Il ne manquait plus que cela pour poursuivre cette journée médiocre...

Sans son dossier, il lui faudrait improviser pour l'entretien.

Heureusement, le dossier Minard était une affaire commerciale sans complexité particulière. Elle se contenterait de prendre des notes cette fois-ci et de recevoir ses nouvelles pièces. Au bout d'une demi-heure, son client la quittait déjà, la remerciant de façon quelque peu exagérée. Ce qui était presque toujours le cas. La robe d'avocat impressionnait souvent les clients. ...Même lorsque celle-ci restait suspendue à un portemanteau à côté du bureau, comme ce jour-là.

Elle referma la porte derrière lui, soulagée de se retrouver seule, et revint à son bureau. Songeuse, elle se revoyait s'emparer à la hâte de l'attaché-case en quittant la villa de Félix une heure auparavant.

Quelle gourde ! Elle faisait tout de travers ces derniers temps.

Il fallait qu'elle se ressaisisse si elle ne voulait pas aller droit dans le mur, ainsi qu'aimait le répéter jadis son père quand elle se dispersait. Ses dossiers commençaient déjà à s'en ressentir. Elle était moins rigoureuse. Quant à la motivation...

Pourquoi, à cet instant-là, avait-elle voulu examiner le contenu des affaires de Félix quand son client était sorti ?

N'était-ce que pure curiosité ?

Instinct ?

Sans trop savoir pourquoi, Céline s'était emparée du dossier Bruchkov et s'était mise à le feuilleter. Alors qu'elle tournait machinalement les pages, elle referma brutalement l'épaisse chemise et jeta des coups d'œil furtifs dans le bureau pourtant vide. Comme prise en faute.

Elle n'eut qu'une seule envie : effacer ce qu'elle venait d'entrapercevoir...

Elle se maudit d'avoir voulu jouer les fouineuses, se connaissant trop bien pour savoir qu'elle ne pouvait faire semblant de n'avoir rien vu. Mue par la curiosité, elle reprit les documents en main et poursuivit sa lecture. Découvrant page après page des informations qui finirent de la pulvériser. Elle comprenait avec angoisse dans quoi elle mettait les pieds. Le dossier n'était que preuves accablantes à l'encontre de

Bruchkov. Photos. Actes signés de la main du Russe. Témoignages. Liste de personnes impliquées beaucoup plus large que celle des inculpés actuels… Tout y était pour le faire tomber.

Lui, et d'autres personnalités très bien placées…

Pourquoi Félix lui disait-il que l'affaire était mal engagée ?

Elle avait eu aussi l'occasion d'assister à quelques audiences, Félix s'enfonçait lamentablement. *Et pourtant, il avait tout pour gagner…*

Elle en était à ce stade de ses réflexions lorsque son portable retentit.

En un coup d'œil, elle vit que c'était Félix… Panique à bord.

Ne rien laisser paraître…

Il ne s'est rien passé, tâchait-elle de se convaincre.

— Céline ? Je ne te dérange pas ?

La voix mielleuse laissa une empreinte désagréable. Il lui fallait garder son sang-froid.

Elle choisit instinctivement la voie du mensonge :

— Non, j'arrive juste au cabinet. Des embouteillages m'ont encore retardée…

— Ah, OK. Il faudrait que je récupère tout de suite ma mallette alors, parce qu'apparemment tu t'es trompée. Tu es partie avec la mienne.

— Ah bon, tu crois ?

— Oui, pas la peine de vérifier, c'est certain, la tienne est restée dans mon bureau.

— D'accord, je passe dès que je peux…

— Ne t'inquiète pas, je suis déjà sur la route et je viens la chercher. J'en ai besoin immédiatement. Je suis là dans dix minutes…

Céline avait pourtant cru comprendre que Félix n'avait pas de rendez-vous et qu'il avait prévu de s'accorder une journée de repos…

Au bout du fil, il hésita un instant puis ajouta :

— Tu ne l'as pas ouverte ?

— Ben, non, je n'ai pas eu le temps, répondit-elle en rougissant, autant de honte que de colère.

— Très bien. C'est comme si j'étais là.

Il raccrocha.

Céline jura. *Cette affaire sentait vraiment mauvais.*

Il lui restait pourtant un espoir. Aussi mince qu'un fil à couper le beurre. Elle s'y agrippa néanmoins. Félix ne pouvait pas être corrompu. Elle partageait son quotidien depuis plusieurs mois. Il avait des valeurs. Comme elle. C'est pour ces raisons qu'il était devenu procureur.

Il gardait peut-être juste les pièces pour plus tard…

Cette éventualité ne suffit toutefois pas à dissiper ses doutes.

Le dossier que Céline avait découvert était une véritable bombe qui pouvait faire sauter bien des têtes.

Elle s'enfonça un peu plus dans son fauteuil en croisant les bras, les yeux dans le vague, désarçonnée et inquiète.

Réflexe d'avocate chevronnée, elle ne resta pas longtemps à méditer. Elle se redressa vivement, les feuilles en main, et se dirigea vers la photocopieuse au fond de son bureau.

En quelques minutes, les pièces maîtresses furent scannées, imprimées et soigneusement rangées dans son armoire.

Cinq minutes après, Félix frappait à sa porte et pénétrait dans son cabinet, tout sourire, sa mallette de cuir de Céline avec lui.

— Alors petite étourdie, on se trompe d'affaires ?

Il avait beau aborder la situation avec humour, le ton de sa voix trahissait sa contrariété.

Céline, tendue à l'extrême, tentait comme elle le pouvait de ne pas laisser paraître son malaise.

Elle s'empara du porte-document de Félix, s'avança vers lui en souriant aussi et l'embrassa d'une manière qui se voulait sensuelle. Elle lui tendit ensuite son bien.

Félix fulminait intérieurement. C'était une bien piètre comédienne…

Ses joues s'étaient empourprées et elle clignait involontairement des paupières, fuyant imperceptiblement son regard.

Toi, ma jolie, tu as des choses à te reprocher…

S'il y a un problème, il va falloir le régler…

Chapitre 19

Côte d'Azur

Céline hésita à relater l'affaire à Cassandre. Ce dossier la dépassait. C'était le genre d'affaires qu'on ne voit qu'au cinéma. Un mauvais cauchemar...

Elle avait certainement trop d'imagination...

Au bout du compte, elle se tut, ne souhaitant pas impliquer son amie et lui faire courir de risques inutiles.

Les jours suivants, l'avocate s'en voulut d'avoir douté de Félix qui redoublait d'attention à son égard.

Rien n'avait apparemment changé dans leurs habitudes. Elle était persuadée que son amant et collègue produirait les pièces compromettantes au tribunal. Sous peu, il ne pouvait en être autrement.

Peut-être attendait-il seulement le moment opportun ? Un coup de théâtre comme on en voyait souvent dans les tribunaux, surtout pour ce type d'affaires.

Leur relation ne semblait pas avoir souffert de l'incident. Toutes les excuses étaient bonnes pour se voiler la face. Céline était bien trop dépendante de lui pour reconnaître que c'était une ordure. Rester dans le déni était plus facile.

La page était tournée...

Elle était s'en était persuadé, même si paradoxalement elle avait gardé le double du dossier en lieu sûr. *Au cas où...* S'il ne produisait rien, elle serait fixée sur son compte. Elle fournirait alors les preuves à sa place.

Une invitation, pourtant, ne tarda pas à faire ressurgir les doutes de la jeune femme.

Félix la conviait à une soirée branchée dans sa résidence secondaire sur les hauteurs de Nice. En présence de certaines personnalités dont elle avait pu voir le nom dans le dossier Bruchkov. Des individus qui n'étaient pas censés faire partie de sa liste d'amis…

Putain, Céline, tu vois pas qu'il baigne avec ces pourris, lui hurlait une petite voix intérieure.

Un plan. Trouver un plan… S'il était mouillé, elle ne le laisserait pas s'en tirer.

Alors, elle repensa à Fabrice.

S'il avait été là, auprès d'elle, il aurait su la conseiller.

Un profond sentiment de gâchis l'envahit.

Elle était seule.

Peut-être par sa propre faute.

Si elle avait été un peu plus à son écoute…

Si elle lui avait laissé une chance au lieu de se consoler dans les bras d'autres hommes…

Elle avait là de quoi se racheter. Elle irait au bout de cette histoire suspecte. Et s'il s'avérait qu'elle avait raison, ce serait alors une possible rédemption pour son couple. Peut-être que si elle racontait tout à Fabrice, s'il la sentait menacée, il l'épaulerait. C'était probablement là le tournant de leur vie. L'électrochoc dont il avait besoin pour réagir et sortir de sa léthargie.

Elle ne battit pas en retraite. Plus téméraire cependant qu'elle n'aurait dû l'être.

Puisque c'était ainsi, elle se rendrait à cette soirée mondaine et finirait d'y mener sa petite enquête.

Avant tout, il y avait une chose qu'il fallait qu'elle achète. Juste au cas où.

*
* *

Ce soir-là, à 18 h 30, une jeune femme élégante entrait dans la boutique de surveillance *Azur Sécurité* sur le boulevard Carnot à Cannes. Les deux mecs adossés à la caisse se retournèrent sur elle, peu habitués qu'ils étaient de voir une femme aussi canon dans ce type de commerce. Céline s'empourpra et demanda d'une traite au patron derrière son comptoir s'il vendait des *tasers* ou autres objets de ce genre. Le propriétaire, un grand gars costaud, boule à zéro et tatouages sur les deux avant-bras lui fit son déballage puis l'interrogea d'une voix caverneuse :

— C'est pour quoi faire, ma p'tite dame ?

— C'est pour me protéger, répondit Céline en bafouillant, rageant de ne pas avoir commandé plutôt ses produits sur Internet.

En même temps, il y avait urgence…

— Si la demoiselle a besoin d'un garde du corps, on peut lui rendre service.

La proposition émanait d'un des deux clients. Un grand aussi sec qu'un bâton de réglisse et plutôt louche. Le responsable du magasin lui lança un regard de biais avant d'intervenir :

— Laisse mademoiselle tranquille, Max.

Le grand sec ricana en dévisageant Céline de la tête aux pieds, s'attardant sur ses seins.

— Je vous conseille celui-là. Léger, maniable et très efficace. Un *taser* de poche, si l'on peut dire, ajouta le patron en désignant le plus petit des modèles dont il disposait.

— Ce sera parfait, enchaîna Céline en dégainant sa *mastercard*.

Alors qu'elle s'apprêtait à payer, elle remarqua une paire de lunettes sur un présentoir. « Filmez sans être vu avec ces lunettes-espion super *slim*. Verres non teintés. » Cela sonnait comme un slogan des années 80… Céline réfléchit un instant. Elle se décida et s'empara de la paire de lunettes qu'elle tendit au vendeur.

— Je vous prends également cet article.

— Bien sûr mademoiselle, ajouta le type derrière le comptoir en appuyant volontairement sur le « mademoiselle ».

Céline s'empressa de régler et tourna rapidement les talons sous le regard insistant des trois hommes.

Elle n'avait pas remarqué, en retrait à l'autre extrémité du magasin, le Japonais élégant venu lui aussi se ravitailler pour sa boîte de surveillance.

Te voilà à nouveau sur mon chemin… songea Taisho, stupéfait de rencontrer Céline dans un endroit si incongru pour elle.

Dans quoi s'était-elle fourrée ?

Alors qu'il venait de cesser toute investigation sur le couple, Taisho en était convaincu : cette rencontre fortuite ne pouvait plus être l'effet du seul hasard.

Chapitre 20

Côte d'Azur

Le samedi soir de la même semaine, à 22 h 30, la *Jaguar* que Félix avait mise à la disposition de Céline franchit les grilles de la *Villa Maria* où elle n'avait encore jamais mis les pieds auparavant.

John, le chauffeur, gabarit armoire normande, avec des yeux tombants de cocker, lui ouvrit la portière et la salua :

« Bonne soirée, madame Barsac ».

« Merci pour tout John… Bonne soirée à vous aussi… »

La Jaguar redémarra dans ce feulement caractéristique des voitures puissantes.

Céline se tourna vers la villa. Elle découvrit, médusée, la demeure aux murs blancs nichée au sommet du mont Boron. Elle était peut-être encore plus somptueuse que la résidence principale de Félix à la Croix des Gardes à Cannes. Sa position dominante offrait un panorama exceptionnel sur Nice et son port qu'elle distinguait à leurs lumières scintillantes dans la nuit. Plus loin, la rade de Villefranche et le Cap Ferrat qui s'avançait sur la Méditerranée brillaient aussi de mille feux. Elle se retourna à nouveau en direction de l'immense qui s'élevait sur trois niveaux et autant de terrasses. À ses pieds, une piscine à débordement s'ouvrait sur un jardin paysager.

Pas mal pour un procureur…

Cette opulence n'était pas pour apaiser ses soupçons.

Moulée dans une robe fourreau bordeaux, elle foula l'allée principale en dalle de granit de ses talons aiguilles. Ses cheveux noirs s'accordaient avec ses yeux sombres derrière sa jolie paire de lunettes de vue. Enfin, pas tout à fait ses lunettes habituelles. Mais elle était la seule à le savoir.

Alors qu'elle s'avançait vers l'entrée, elle observa l'intérieur de la villa au travers des baies vitrées. La débauche de lumières artificielles contrastait avec cette nuit d'hiver sans étoiles.

Dedans, beaucoup de monde s'agitait déjà près du buffet. Des femmes jeunes, surtout, en tenue de soirée. Stars autour desquelles gravitaient les hommes.

Céline se présenta au Cerbère qui gardait l'entrée. Une fois à l'intérieur, elle resta figée quelques secondes. Dorures et cristaux brillaient sous l'effet des éclairages. Elle fut prise d'un léger vertige au moment de pénétrer dans l'immense salon déjà investi par de nombreux invités. Plus d'une cinquantaine de ce qu'elle pouvait voir. Au fond, près d'un gigantesque comptoir, elle aperçut Félix. Elle slaloma entre les couples et les petits groupes pour le rejoindre. La variété des gens présents l'interpella aussi. Des avocats, bien sûr. Mais également des médecins réputés, des industriels, des artistes renommés et même une actrice en vogue qu'elle croisa sur son passage.

Elle arriva à quelques mètres de Félix. Il affichait son sourire à la Clooney. Dans sa main, un verre de liquide couleur ambrée qui ne pouvait qu'être son fameux whisky dont l'âge rivalisait avec le prix. Son autre main errait autour de la taille d'une jeune rousse flamboyante.

What Esle ! fulmina Céline qui se sentit catapultée là

comme au beau milieu d'une mauvaise publicité.

Il l'aperçut au même moment, laissa la jolie rousse pour s'avancer vers elle, comme si de rien n'était. Il l'embrassa sur la joue. Chastement, conformément à leurs habitudes quand ils étaient en public.

Un serveur s'approcha d'eux, son plateau au bras.

Félix se saisit d'une flûte de champagne et la proposa à Céline, d'une voix suave :

— Une petite coupe, chère consœur ?

Ravalant sa colère et entrant dans son jeu, elle accepta, en le remerciant d'un ton détaché.

Pourtant, l'attitude désinvolte de Félix… Cette ambiance superficielle… Tout ceci lui paraissait tellement factice…

Un simple jeu. Un échiquier.

Lui, le roi. Elle, un pion.

La partie se terminerait ce soir.

Peut-être, plus tard, Fabrice et elle en souriraient-ils avec philosophie, quand, dans quelques années, ils se remémoreraient le mauvais tournant de leur vie. Un mauvais tournant qu'ils parviendraient à rectifier pour tout recommencer. Elle réparerait peut-être ce soir ses moments d'égarement. Sa conduite déplorable. Elle s'apprêtait à se racheter une conscience.

Serait-ce si simple ?...

Pour l'heure, elle devait jouer le rôle jusqu'au bout. Sans sourciller. Seule manière d'en apprendre davantage sur l'affaire qui la préoccupait.

Félix l'avait prise par le bras, la tirant de ses pensées. Il fallait absolument qu'il lui présente l'un de ses nouveaux collaborateurs, expliqua-t-il.

Alors qu'il l'entraînait, elle aperçut, au passage, deux jeunes femmes aux lignes sculpturales moulées dans des robes sexy. Elles s'embrassaient sans retenue, nullement gênées qu'on les observe. Au contraire. Quand Céline fut à leur hauteur, la blonde caressa la poitrine de sa partenaire en la fixant avec désir, l'invitant à l'évidence à se joindre à elles.

La soirée s'annonçait chaude.

Une véritable débauche. Et certainement les magouilles qui accompagnent ce genre de réceptions.

Céline détourna le regard, restant concentrée sur ses objectifs.

Elle demeura un moment à tenir compagnie à Félix et Gianni, son collègue, puis les quitta quelques minutes pour rejoindre Cassandre qu'elle avait aperçue, fumant accoudée à la balustrade du premier étage.

Celle-ci l'accueillit avec enthousiasme.

— Céline ! Je te cherchais justement. Tu es magnifique ! Tu vas faire des envieuses ce soir dans cette robe…

Cassandre embrassa son amie sur les commissures des lèvres et laissa glisser lentement une main le long du dos, jusqu'aux fesses. Elle se pencha au creux de son oreille pour lui susurrer :

— Tes nouvelles montures de lunettes sont aussi très… originales. Elles te vont parfaitement.

Céline se raidit devant l'attitude audacieuse de son amie. Elle parvint cependant à répondre d'une voix presque naturelle.

— Beaucoup de concurrence quand même...

Elle désigna un groupe de jeunes starlettes bronzées.

— Oui, mais elles n'ont pas ta classe, minauda Cassandre.

Elles échangèrent encore quelques banalités. Céline s'efforçait de ne pas perdre de vue Félix qui faisait son numéro à deux nouvelles admiratrices.

Du premier étage où les deux amies se trouvaient, elles avaient une vue plongeante sur le salon. Des éclats de rire attirèrent l'attention de Céline. De jeunes Slaves vêtues de tenues plus courtes les unes que les autres, dans une surenchère minimaliste, faisaient du charme à des hommes à l'âge maximaliste. Des hommes bien plus vieux, mais au compte en banque forcément bien garni.

Cassandre qui paraissait avoir lu dans ses pensées ne put s'empêcher de commenter.

— Pathétique, n'est-ce pas ?... Ils ont le pouvoir. Ils ont le fric. Ils ont la puissance. Et ils perdent si facilement la tête devant une jeune beauté russe… Quel manque de volonté ! Ils ont beau se croire au sommet de la pyramide, ne sont-ils pas minuscules vus d'ici ? Qu'ont-ils de si différent du commun des mortels ? Que laisseront-ils de leur passage sur Terre ? Que retiendra-t-on d'eux plutôt que des autres ? Absolument rien ! Ce ne sont que des insectes. Quand la mort les effacera, il ne restera plus rien.

Céline s'interrogea sur les motivations de son discours.

Y avait-il là une quelconque allusion au dossier Bruchkov ?

Pourquoi y en aurait-il ? Elle s'égarait… Il lui fallait davantage restée concentrée.

Elle chercha à nouveau du regard Félix. Il avait quitté ses courtisanes et était maintenant en grande conversation avec Mario Ferrara, promoteur immobilier. L'un des pourris inscrits sur la liste noire…

De quelles magouilles pouvaient-ils bien discuter ?

— Alors, que penses-tu de cette soirée, ma belle ? l'interrogea Cassandre, la tirant de ses réflexions et changeant de sujet.

— Sympa… Mais je ne sais pas si c'est vraiment ce à quoi j'aspire aujourd'hui…

Cassandre tiqua. Imperceptiblement.

— Tu ne m'as pas l'air dans ton assiette, dis-moi…

— Je crois que j'ai besoin de prendre un peu de recul. Je culpabilise… Je n'ai peut-être pas été assez à l'écoute de Fabrice.

— Arrête, lança un peu trop fermement Cassandre… Je ne peux pas te laisser dire ça… Tu as tout fait pour lui, mais il faut que tu admettes que c'est un grand malade… Certainement irrécupérable de ce que j'ai pu en voir.

Cassandre avait changé de ton. Céline cilla.

Bizarre, cette manière dont elle parlait de Fabrice.

Jusque-là, elle lui avait dit d'être patiente. Qu'il était sur le chemin de la guérison.

Pourquoi ce revirement soudain ?

— Allez ! De toute façon ce soir c'est la fête, alors autant en profiter !

Cassandre avait retrouvé son air enthousiaste, sa chaleur habituelle.

Céline répondit par un petit sourire. Elle ne pouvait pas le lui dire, mais elle n'était pas là pour ça.

Félix venait de quitter le salon avec le promoteur. Céline devait abandonner Cassandre à ses menus divertissements. Il ne fallait pas perdre de vue Félix si elle voulait essayer d'en apprendre davantage. C'était le bon moment pour aller se repoudrer…

Elle prit congé de son amie, descendit l'imposant escalier de pierre tout en replaçant une mèche de cheveux derrière son oreille droite. Elle activa dans le même mouvement le bouton-poussoir sur la branche des lunettes.

Sur son passage, deux *bimbos* cessèrent leur conversation et la reprirent de plus belle dans son dos.

Elles n'avaient que cela à faire… Des commérages.

Céline regagna le salon voisin que Félix avait rejoint. Elle était excitée de jouer ainsi les *Mata Hari* et anxieuse à la fois. Elle déboucha dans un petit salon lumineux aux murs crème.

Personne ici. Seulement des tableaux d'avant-garde savamment mis en lumière par l'éclairage.

Ils avaient certainement franchi la porte de verre fumé au fond de la pièce. Elle s'approcha et aperçut immédiatement l'inscription.

Privé.

Elle hésita quelques secondes. Si Félix avait des choses à cacher, elle en apprendrait peut-être davantange de ce côté-là.

Mue par un courage nouveau pour elle, elle pénétra dans l'espace réservé. De toute façon, elle pourrait toujours prétexter avoir cherché Félix pour prendre congé de lui… Elle était sa maîtresse après tout…

Elle ouvrit la porte, la referma sans bruit et entra dans un SPA qui donnait sur une immense baie vitrée à l'arrière de la demeure dénuée de vis-à-vis, excepté la colline sauvage.

C'était un véritable havre de paix en pleine nature. Un rare privilège dans cette région.

Une chaleur humide et enveloppante la gagna. Un hammam se trouvait sur sa gauche, un jacuzzi à droite. Des éclats de voix venaient de cette direction.

Elle crut reconnaître le timbre de Félix et un accent italien.

Oui, c'était eux.

Elle s'avança, excitée et tendue, et les aperçut, de dos, à quelques mètres seulement, vautrés dans le jacuzzi bouillonnant. Ils riaient.

Elle sursauta soudain en entendant son propre prénom.

Elle s'approcha encore, discrètement, jusqu'à une colonne derrière laquelle elle se dissimula.

— Tu crois vraiment que Céline a pu avoir connaissance des pièces du dossier ?

— Je n'en ai pas la certitude, mais son comportement me paraît étrange. Différent. Et je n'ai pas envie de prendre le moindre risque…

— C'est sûr… Et puis un accident est si vite arrivé… C'est peut-être en effet la meilleure solution.

Céline n'eut pas le temps d'avoir peur.

Elle s'effondra sur le sol parqueté dans un lourd fracas.

Derrière elle, Cassandre tenait à bout de bras une bouteille de champagne. Une bouteille qu'elle venait d'abattre avec violence sur les vertèbres cervicales de son « amie ».

Le bruit surprit Félix et Mario qui s'étaient extraits ruisselants du jacuzzi. Ils s'avancèrent à la hâte et restèrent les bras ballants devant le tableau…

— Mission accomplie, lança Cassandre avec un petit sourire en s'approchant de Félix qu'elle embrassa à pleine bouche.

Il se retira un peu rapidement et son regard en disait long sur son degré de perplexité.

— Merde… Cassandre ! Ce n'était pas ce qui était prévu… Ça devait passer pour un accident ! Qu'est-ce que t'as fait !

— Fallait bien se débarrasser de cette fouineuse. Elle était en train de vous espionner sans que vous ne remarquiez rien. Imagine un instant si on lui avait laissé le temps de communiquer des informations à quelqu'un. Je vous rappelle qu'on est tous mouillés dans cette affaire !

— Elle n'a pas tort, ajouta Mario dont la nervosité était néanmoins perceptible.

— Et puis de toute façon, j'ai un plan, poursuivit Cassandre, d'une voix pleine d'assurance. De quoi me débarrasser à la fois de Céline et de son mari qui pourrait nous causer du tort. Faites-moi confiance. Allez, pas de temps à perdre. Va plutôt fermer la porte à clé, mon chéri.

Félix obtempéra.

En quelques minutes, Cassandre, apparemment dénuée de remords, et très à l'aise dans cette situation morbide, récupéra le sac de Céline, sachant d'ores et déjà l'usage qu'elle en ferait plus tard. Elle prit soin d'y glisser aussi la petite paire de lunettes noires qui gisait au sol. *Ne rien laisser traîner…*

— Regardez messieurs ce qu'elle trimballait dans son sac, fit remarquer Cassandre d'un ton léger, en agitant sous le nez des deux hommes le *taser* de Céline. Vous voyez que j'ai eu raison de me débarrasser d'elle, ajouta-t-elle.

Elle disparut un instant et réapparut au bout de quelques minutes avec un petit sac de voyage duquel elle extirpa des vêtements et chaussures de ville de Céline ainsi que son sac à main de tous les jours, effets qu'elle n'avait eu aucun mal à récupérer dans l'appartement de l'avocate juste après le départ de son amie pour la soirée. Céline avait bien fait de lui confier un double des clés. Pratique d'être la thérapeute de Fabrice… Et puis, n'était-elle pas sa meilleure amie ?

Cassandre avait vraisemblablement anticipé les événements

d'après un plan parfaitement défini, dont elle était la seule instigatrice.

Sous le regard étonné des deux hommes, elle ôta l'alliance de Céline, transféra le contenu du sac à main dans l'autre et changea les vêtements de Céline avec l'aide de ses deux complices qui n'en comprenaient pas vraiment les raisons.

— Moins vous en saurez, mieux ce sera, répliqua Cassandre.

Les deux hommes se regardèrent interloqués mais, devant l'assurance de Cassandre, ils restèrent silencieux. Ils lui faisaient confiance.

Cassandre avait en effet tout prévu. Son plan était parfait.

Il ne leur fallut que quelques autres minutes pour jeter le corps inanimé de Céline dans le grand congélateur.

— Vous êtes sûrs qu'elle est morte, demanda Mario qui transpirait à grosses gouttes.

— De toute façon, si elle ne l'est pas, le congélateur s'en chargera pour nous alors pas de panique, assura Cassandre avec un sang-froid qui glaça les deux hommes. Quant au reste, laissez-moi faire, je m'en occupe comme convenu… Et ne traîne pas, Félix, tes invités t'attendent, ajouta Cassandre, d'un ton totalement serein.

Les deux hommes regagnèrent les vestiaires.

Dès qu'ils eurent tourné le dos, Cassandre se déshabilla complètement et se glissa nue dans le jacuzzi, un sourire de satisfaction aux lèvres.

Voilà un plan qui se déroulait sans accroc. Une bien belle soirée dont elle allait pouvoir maintenant pleinement profiter !

De l'autre côté de la baie vitrée, des jumelles à vision nocturne restaient braquées sur la psychiatre. Taisho aurait préféré avoir l'œil dans la lunette d'un fusil longue distance pour dégommer cette pourriture.

Il réfréna son émotion tant bien que mal.

Tout finit un jour par se payer.

Chapitre 21

Alpes-de-Haute-Provence/Côte d'Azur

Le lendemain, Fabrice avait tourné en rond toute la matinée, s'enfonçant dans un état de stress ultime, alternant vodka et café. Fumant clope sur clope.

Il ne supportait plus la routine, mais encore moins l'imprévu.

Céline ne l'avait pas rejoint ce matin au chalet comme convenu. Cela n'était jamais arrivé.

Elle l'avait encore appelé la veille au soir pour lui dire qu'elle serait là vers 10 h.

À 11 h, elle n'était toujours pas arrivée. Et restait injoignable sur son téléphone.

« *Je ne suis pas là pour l'instant. Laissez-moi un message, je vous rappellerai… BIP* »

Elle ne rappelait pas. *Foutu téléphone !*

Il regarda tourner les aiguilles sur le cadran de l'horloge au-dessus de la cheminée. Il transpirait à grosses gouttes malgré la faible température dans le chalet, vautré sur une chaise ou au contraire arpentant la pièce de long en large. Dès que la petite aiguille se fixa sur le 12, il s'empara vivement du combiné et appela Cassandre.

— Ne bouge pas et surtout ne panique pas, j'arrive…

Trois heures plus tard, la psychiatre se présentait sur le seuil de la porte. Prête à lui apporter son soutien…

Fabrice la harcela de questions.

Elle lui demanda de se calmer. De ne pas s'inquiéter.

Fabrice l'entendait à peine, ayant l'impression de perdre la raison.

La jeune femme restait impassible face à l'état de nervosité extrême de Fabrice.

Elle en avait l'habitude.

— Commence par t'asseoir. Je te prépare un autre café et tu me réexpliques cela depuis le début.

Elle entra dans la cuisine, à l'aise dans le chalet qu'elle connaissait si bien maintenant, reproduisant des gestes si souvent effectués. Elle versa le café dans une tasse.

Un café… mais agrémenté cette fois-ci d'une forte dose de GHB.

Parfait prélude avant une séance d'hypnose.

… Suivie de suggestions post-hypnotiques appropriées.

Mon vieux, tu fais vraiment un coupable idéal… Désolée d'avance ! songea-t-elle cyniquement.

Son projet était clair. Elle allait lui implanter sous hypnose l'idée qu'il avait accompagné sa femme à la gare et qu'elle n'était jamais arrivée. *Disparue ? Non... Elle avait juste besoin de prendre du recul...* Le temps qu'il mijote, elle récupérerait le corps de Céline, reviendrait le déposer dans le congélateur au chalet et passerait à la deuxième étape. *Lui faire perdre la raison. Tout simplement...* En jouant avec lui. Excitant… Un rôle sur mesure pour elle. Elle le convaincrait cette fois qu'une dispute avait mal tourné entre sa femme et lui. Tellement mal tourné que Céline était morte. Les pouvoirs de l'hypnose sont immenses à qui sait les maîtriser… *Disparition ? Dispute ? La gare ?* Fabrice ne saurait plus ce qu'il avait réellement vécu. Il perdrait les pédales. Il deviendrait dingue. Nécessairement.

Cassandre jubilait par avance tout en lui préparant son café.

De retour au salon dans lequel Fabrice tournait encore en rond, elle lui demanda gentiment à nouveau de s'asseoir.

Il obtempéra cette fois-ci, ingurgita son café en deux ou trois gorgées et se mit à relater les événements de la soirée. Cassandre assise face à lui, d'un calme olympien, se contentait de l'écouter. C'était la seule chose qu'elle avait à faire.

Attendre.

Attendre que la drogue fasse son effet.

C'était tellement grisant. *Distrayant…*

Elle lui demanda alors de s'allonger sur le canapé du salon.

Il ne savait pas vraiment pourquoi, mais Cassandre avait l'art et la manière de le convaincre.

Il s'exécuta et se laissa guider par la voix mélodieuse de la psychiatre.

Ses paupières étaient lourdes, si lourdes… Ses épaules commençaient à se relâcher, puis tous ses membres et très vite, il sombra.

Lorsqu'il rouvrit les yeux, il savait. Enfin rassuré.

Il avait tout simplement accompagné Céline la veille au soir à la gare de Digne. Elle devait rendre visite à ses parents. Besoin de se ressourcer… Ce n'était pas plus compliqué.

Pourtant, un coup de fil à ses beaux-parents dans la journée lui fit perdre définitivement les pédales.

Céline n'était jamais arrivée…

Céline avait disparu…

Court-circuit dans ses neurones… Fabrice laissa échapper son verre de vodka. Sa clope le rejoignit dans sa chute.

Ajax sursauta au son du verre brisé.

Cassandre était là, pour le rassurer.

Faudrait déjà que tu arrêtes la boisson Fabrice ! Tu te détruis… Et ta femme avec…

Normal que Céline n'ait pas supporté… Elle a peut-être juste eu envie de prendre l'air… De prendre du recul… Normal après ce que vous avez vécu…

L'alcool, combiné à quelques somnifères, l'aida à oublier.

*
* *

Cassandre ne s'était pas attardée au chalet.

Il fallait laisser mijoter Fabrice.

Officiellement, elle se proposait d'enquêter sur la Côte pour le rassurer. *Quelqu'un avait peut-être eu des nouvelles de Céline ? Quelqu'un pourrait les éclairer sur les motivations de l'avocate…*

La situation était si amusante pour elle.

Elle reprit la route de la vallée le soir même. La route « Napoléon » songea-t-elle en conquérante.

Elle se permit une clope au volant. Cela lui arrivait tellement peu souvent.

Elle ne fumait qu'une clope le matin. Les autres pour les grandes occasions. Elle avait besoin d'une dose de nicotine pour réfléchir.

Alors qu'elle grillait sa cigarette au son de *Naturträne* de Nina Hagen, elle récapitula le reste de son plan. Il fallait d'abord qu'elle fouille le bureau de Céline à son cabinet ainsi que son appartement avant que les flics déclenchent une enquête.

Officiellement, elle était en quête d'un indice concernant la disparition de sa meilleure amie.

Officieusement elle voulait mettre la main sur les preuves du dossier Bruchkov que Céline avait peut-être conservées. Mieux valait se montrer prudent. Elle ne laisserait rien au hasard.

Le lendemain matin, Cassandre prit immédiatement la direction du cabinet, boulevard d'Alsace.

Il était fermé le lundi.

Ce n'était pas un problème. Elle avait le trousseau.

Elle n'eut pas beaucoup de difficultés à retrouver les photocopies du dossier dans l'armoire et la version numérique dans l'ordinateur de Céline. C'était presque trop simple… L'écervelée n'avait même pas pris de précautions pour les dissimuler !

Quelle naïveté ! Et surtout quelle idiote !

Tant mieux pour moi, jubila Cassandre.

Chapitre 22

Ce jour-là, à 10 h, Taisho se présenta chez Fabrice.

Les événements prenaient une tournure effroyable. Et précipitée.

La veille au soir, après avoir suivi Cassandre jusque chez son ami, il avait ensuite patiemment observé le chalet derrière ses jumelles. Quand il avait vu la psychiatre repartir dans la soirée, Taisho avait tout d'abord été soulagé. Mais il fallait l'empêcher de nuire à nouveau.

Il n'avait pas eu longtemps à réfléchir avant de se décider à parler à Fabrice.

Dès le lendemain matin, il irait le trouver et lui raconterait tout ce qu'il avait vu.

Céline, froidement abattue par sa soi-disant amie. Son infidélité aussi.

Il ne lui cacherait rien. Mais lui apporterait son aide. Fabrice déciderait seul de la suite des événements. Recours à la police ou vengeance personnelle, la décision lui appartiendrait. Même si Taisho avait déjà une idée de sa réponse.

Lorsqu'il frappa un grand coup à la porte de son chalet et que Fabrice lui ouvrit, Taisho eut du mal à contenir son malaise. Ce n'était pas son ami qui se tenait sur le seuil, c'était un revenant.

L'ancien tireur d'élite le regardait d'un air ahuri et

s'apprêtait à refermer la porte sur lui.

— Fabrice, attends, il faut que je te parle, intervint fermement Taisho, retenant la porte dans le même temps.

— Je ne sais pas ce que tu fous là. C'est pas le moment ! hurla presque Fabrice, visiblement perturbé. Ma femme a disparu, ajouta-t-il d'une voix faible.

— Disparu ? interrogea Taisho.

— Je ne comprends pas… Je l'ai conduite à la gare hier soir, mais elle n'est jamais arrivée. Disparue… Volatilisée…

Fabrice gardait les bras ballants et avait la mine défaite. Taisho prit le temps d'encaisser cette nouvelle.

Est-ce que Fabrice le prenait pour un con ? Sa femme n'avait pas pris de train ! Elle s'était fait froidement assassiner sous ses yeux ! Pourquoi alors son pote déclarait-il l'avoir accompagnée à la gare ? Pourquoi ce mensonge ? Il était sur le point de lui demander des comptes quand son cerveau se mit en alerte. Il ne lui fallait écarter aucune hypothèse.

Et si Fabrice était mouillé dans cette histoire ?

Complice lui aussi ?

Il ne devait pas se dévoiler trop vite, lui dire ce qu'il savait tant qu'il n'avait pas la certitude que son pote n'y était pour rien.

Son attitude était inexplicable. Il lui fallait d'abord comprendre.

— Merde… Je savais pas, se contenta-t-il de lui répondre. Si tu as besoin d'aide, tu peux compter sur moi…

Il fouilla dans ses poches et lui tendit une carte de visite. Fabrice la saisit sans même le regarder.

— Ouais… OK… Salut.

Et il referma.

— Salut, répondit Taisho alors que la porte se rabattit sur lui.

Il resta dépité devant le chalet.

Son pote ne s'était même pas interrogé sur sa présence chez lui en pleine montagne...

« Soit tu as vraiment des choses à cacher, Fabrice... soit un détail m'échappe... »

« Désolé mon ami, mais si tu es mouillé dans cette affaire, tu le paieras toi aussi... »

*
* *

En fin de journée, Cassandre revint au chalet.

La suite du plan, c'était pour ce soir.

Elle retrouva Fabrice dans l'état d'abattement où elle l'avait laissé la veille. Il n'acceptait pas la disparition de Céline et ne comprenait pas pourquoi il ne se souvenait de rien.

Après le traumatisme que tu as subi, la disparition de Céline est intolérable pour toi... Tu n'es pas en état d'accepter une nouvelle perte... Ton cerveau se défend. C'est normal... Tu dois juste admettre. Et te rendre à l'évidence... Tu es malade Fabrice...

Tu as aussi trop bu.

— Mais je me rappelle même pas qu'elle soit venue me rejoindre samedi...

— Parce que tu refuses sa disparition. Tout est lié...

Qu'aurait-il fait sans Cassandre ?

Alors qu'il perdait la raison, elle était là pour le rassurer. L'épauler. Là, pour le comprendre.

Il savait qu'il ne fallait pas, mais quelques verres d'alcool lui permirent encore d'oublier. Ainsi que quelques somnifères habilement ajoutés par Cassandre. Cassandre qui pouvait poursuivre son plan. Elle avait le champ libre.

Une heure plus tard, le corps de Céline, dans ses vêtements de tous les jours, était au fond du congélateur de Fabrice au sous-sol. Son sac à main habituel rangé dans une armoire.

Le plan se déroulait sans accroc.

Chapitre 23

Alpes-de-Haute-Provence/Côte d'Azur

Les trois journées qui suivirent se déroulèrent dans un brouillard absolu.

Seule Cassandre, fidèle amie, restait près de Fabrice, parvenant à le canaliser pour lui éviter l'internement d'office.

Quand il n'était pas en proie à une crise de démence durant laquelle il saccageait tout ce qui lui tombait sous la main, il flottait dans les limbes de l'hypnose. Les flashs se multipliaient.

La guerre.

La disparition de Céline.

Céline sur le quai et son petit geste aérien au moment de monter dans le train.

Les disputes aussi.

De plus en plus violentes.

Jusqu'à cette vision d'horreur. Impossible et cependant réelle.

La dispute de trop.

Et le crâne de Céline explosé sur l'angle du buffet.

L'image était accrochée dans son cerveau sans qu'il en ait pourtant un souvenir clair Cassandre l'aida à retrouver la mémoire. Il s'était déjà confié. Il lui avait raconté l'accident dans les moindres détails, affirmait-elle. Mais son cerveau malade oubliait à chaque fois...

Pauvre Fabrice... C'était un accident... Un tragique accident...

Normal que tu oublies tout ! Ton cerveau cherche à effacer l'évidence…

Il n'avait qu'à aller voir dans son congélateur, s'il en doutait encore. Il y trouverait le corps de Céline. Et puis son sac à main était bien là lui aussi. Il avait également précieusement conservé l'alliance de sa femme dans une boîte avec d'autres reliques de son mariage, avant de congeler son corps, comme il le lui avait raconté la veille.

Hier ? Mais non, je ne me souviens de rien, Cassandre !

Normal, Fabrice. Tu es malade. Détruit. Tu es si fragile… Ne t'inquiète pas, je suis là. N'aie pas peur…

Il ne put qu'admettre l'indicible vérité qui faisait de lui un assassin.

Fabrice devint fou.

Il ne savait plus…

De nouvelles visions faisaient surface.

Il voyait tantôt Céline sur le quai d'une gare, tantôt son corps sans vie au pied du buffet.

Il perdait la raison.

Cassandre était là.

Toujours.

Mais ne pouvait plus rien pour l'aider.

*   *
*

Durant ces trois jours, Taisho avait eu l'impression de se retrouver sur le front.

En planque.

Dans le froid et sous la neige.

Il dormait les nuits emmitouflé dans son duvet de haute

161

montagne, dans sa voiture glacée garée sur un chemin en contrebas, à trois kilomètres du chalet. Discrétion oblige.

Heureusement qu'il avait un équipement de survie de base qu'il gardait toujours avec lui depuis l'époque de l'armée, équipement également nécessaire lors de certaines planques dans le cadre de son boulot. Utile aujourd'hui aussi. Couverture de survie... Sac de couchage... Réchaud... Lampe... Rations alimentaires... Eau... Outils divers...

Sans oublier des armes. Bien dissimulées dans sa voiture.

Il lui semblait, comme par le passé, accomplir une nouvelle mission aveugle dont il ne connaissait ni les tenants ni les aboutissants. Ne sachant non plus quelle décision prendre.

Seules ses séances de méditation en pleine montagne lui permettaient de retrouver une certaine sérénité d'esprit.

Le lundi soir, il avait vu Cassandre sortir un corps du coffre pour le traîner jusqu'au chalet. Le corps de Céline, sans aucun doute...

C'était à n'y rien comprendre.

Que faisait Fabrice à ce moment-là ?

Pourquoi ne réagissait-il pas ?

Il devait trouver une solution pour s'infiltrer dans ce chalet sans se faire voir.

Après un examen attentif, il comprit que la seule possibilité résidait dans ce soupirail au sous-sol à l'arrière de l'habitation. Après une journée de boulot, planqué sous une *ghillie* qu'il conservait dans sa voiture pour ses opérations de surveillance, il réussit enfin à desceller la grille.

Il s'était aussi rendu à l'évidence : il lui fallait un point de chute dans le coin le temps de sa « mission ».

Une voiture pouvait convenir pour une nuit ou deux, mais

s'il voulait être vraiment efficace, il lui fallait une base de repli. Le mercredi, Taisho avait trouvé une solution. Une auberge à la sortie du village, en contrebas, avait fait l'affaire. Il avait pu s'y restaurer et se reposer, se présentant comme un randonneur, avant sa mission d'infiltration qu'il avait prévue pour le lendemain.

Vingt-quatre heures plus tard, à la nuit tombante, il se tenait à l'arrière du chalet. Le soupirail était étroit. Il parvint néanmoins à se glisser à l'intérieur. Cela avait des avantages d'être svelte… La pièce dans laquelle il pénétra était bien une cave comme il l'imaginait.

Ou plutôt un sanctuaire. Sinistre à souhait.

Partout des animaux empaillés. Décidément, son pote était vraiment devenu bizarre.

Au-dessus de lui, en provenance du rez-de-chaussée, il perçut le son d'une voix.

Une voix féminine. Celle de Cassandre, assurément.

Il gravit sans bruit les marches qui conduisaient jusque-là.

La porte était fermée. Il distinguait néanmoins nettement la conversation. Ou plutôt le monologue de ce qui ressemblait à une séance d'hypnose.

« À ce moment-là, tu la pousses violemment et Céline s'écroule »… *« Sa tête heurte l'arête du buffet »*… *« Ce terrible accident qui a causé la mort de Céline… »*

Il en fut ainsi durant une trentaine de minutes. Dix minutes de ses suggestions hypnotiques, apparentées à une effraction mentale, suivie d'un long silence. Un silence pesant interrompu par un sanglot étouffé. Celui de Fabrice. Sanglot qui se commua bientôt en d'insupportables gémissements. Déchirants.

Taisho fut ébranlé. Assommé par ces révélations d'une cruauté inouïe, il résista difficilement à l'envie furieuse de défoncer la porte et d'anéantir cette harpie. De secouer son ami pour lui faire recouvrer la raison. « *Fabrice, putain, réveille-toi !* » « *Sors de ce cauchemar et reviens à la réalité.* » Mais Fabrice n'était désormais qu'une marionnette.

Que pouvait-il faire ?

Il devait lui venir en aide !

Certainement pas en traînant ici…

Taisho avait rarement rencontré d'êtres aussi nauséeux que cette femme, même dans les pays les plus barbares qu'il avait pu fréquenter.

Cette hyène ne méritait décidément pas sa place parmi les humains.

Il quitta la cave sans plus attendre, jetant un coup d'œil sur le congélateur adossé au mur du fond, sachant qu'il reviendrait bientôt.

Une décision rapide s'imposait pour sortir son ami des griffes de cette perverse.

Bien sûr, il pouvait dénoncer Cassandre. Mais il n'avait aucune preuve et Fabrice semblait apparemment convaincu d'avoir tué sa femme.

Totalement sous son emprise.

Un pantin.

Et un coupable parfait.

Dans ces circonstances, comment expliquer le corps chez lui ?

Taisho connaissait trop bien la justice pour savoir que Fabrice serait broyé par la machine judiciaire. Et puis, même si on le prenait au sérieux, la justice ne jugerait jamais le crime de cette femme à sa juste mesure, pour autant que son procès se tienne réellement, compte tenu de ses nombreuses relations. Son ami aurait certainement été de son avis.

Non, il ne pouvait aller trouver les flics. Il avait un autre plan…

Après avoir longuement réfléchi, il contacta Zoé, une amie fidèle qui avait également d'autres atouts. Elle était psychiatre elle aussi et intervenait auprès des traumatisés de guerre à l'hôpital Laveran de Marseille.

Il avait des questions à lui poser. Ses conseils éclairés lui étaient nécessaires pour faire face à la situation. De toute urgence.

Le jeudi soir, après avoir rapidement pris connaissance des événements, Zoé se mit en route.

C'est le soir où Cassandre dut se résigner à rentrer à Cannes pour un rendez-vous professionnel au TGI de Nice le vendredi. Impossible de s'y soustraire. Elle ne pouvait négliger complètement son boulot sans que cela ne paraisse louche. À son retour, si Fabrice était prêt, elle pourrait le balancer aux flics.

L'issue était proche.

Les manipulations… c'était sa dope.

Jamais pourtant Cassandre n'avait autant pleinement possédé une âme humaine au point d'en faire une telle marionnette.

Sa fierté supplémentaire : avoir réussi à soumettre un ancien légionnaire.

Bientôt, l'apothéose lorsque les gendarmes viendraient le cueillir… Elle en jouissait d'avance.

Chapitre 24

Zoé avait passé une partie de la soirée à réfléchir à la meilleure manière d'agir. Elle avait désormais en sa possession, avec la carte SD, les preuves de l'assassinat de Céline. Les preuves de la culpabilité de Cassandre à mettre sous les yeux de Fabrice.

Pourtant, elle ne le sentait pas prêt à les voir. Elle redoutait qu'il ne sombre réellement dans la folie avec toutes ces vérités antagonistes qui se superposaient dans son appareil mental. L'idéal serait une ultime séance d'hypnose. Une séance qui ferait peut-être ressurgir la scène de l'accident que Cassandre avait enraciné dans sa mémoire. Zoé pourrait annihiler cette vision. *Rebooter* le système, en quelque sorte…

Elle avait bien tenté, toute la journée, de joindre Taisho pour lui demander conseil, mais il n'y avait toujours pas de réseau avec cette maudite tempête…

Sa décision était prise. Elle agirait seule et selon son plan.

Taisho n'avait-il pas fait appel à elle parce qu'il lui faisait confiance ? C'était la meilleure solution.

La psychiatre savait qu'il serait pourtant difficile de réunir les conditions nécessaires à cette séance d'hypnose avec Fabrice. D'autant qu'elle devrait faire ressurgir ce que le légionnaire s'efforçait de refouler.

Un sacré sac de nœuds.

Aussi, quand après une nouvelle soirée arrosée au chalet,

Fabrice avait commencé à se livrer, Zoé avait saisi sa chance.

Une image était soudain venue percuter le légionnaire de front. Une image qui lui donnait la nausée à chaque fois. Incrustée dans son appareil psychique et indélébile.

Le visage de Sylvain à moitié arraché.

La minute suivante, cette image laissa place à une autre. *La dispute de trop. Et le crâne de Céline qui était venu heurter l'encoignure du buffet.* Ce qui faisait de lui un assassin. Criminel pour la seconde fois, après avoir laissé Sylvain se faire buter sous ses yeux. En boucle se jouait le scénario de la culpabilité.

Peut-être n'avait-il finalement choisi l'armée que pour étancher sa soif de chair et de sang ?

Peut-être n'avait-il toujours été qu'un psychopathe qui s'ignorait ?

Un psychopathe même pas capable d'assumer ses actes et ses pulsions. Un sadique qui se retranchait derrière les directives militaires pour garder bonne conscience. Enfin déresponsabilisé de ses actions, il pouvait assouvir lors de chaque mission ses instincts les plus primaires en dégommant des vies…

Finalement, il ne valait pas mieux que d'autres tueurs en série. C'était juste une question de point de vue. Une question de perspective.

Pourtant, sa conscience venait encore le rattraper, lui suggérant qu'il n'avait peut-être pas tué sa femme. Il l'avait juste conduite à la gare…

Mon œil ! Trop facile de se débiner…

Comment ne pas perdre la raison ?

D'autant que maintenant, une petite voix lui soufflait que Céline ne l'avait pas rejoint au chalet ce week-end-là. Que Céline avait été sauvagement assassinée lors d'une soirée. Assassinée par… sa meilleure amie ! Par Cassandre !

La tête entre les mains, Fabrice avait juste envie de foutre son crâne dans un étau et de se faire exploser la cervelle pour ne plus penser.

Jusqu'où sa conscience irait-elle pour fuir l'évidence et les responsabilités ?

La séance avait été interminable. Fabrice suait à grosses gouttes et Zoé redoutait le réveil.

Comment réagirait-il à cette nouvelle implantation dans son cerveau déjà bien ramolli ? Voire complètement détraqué.

Elle avait tenté le tout pour le tout en lui suggérant la vérité durant l'hypnose. Elle hésita à s'enfiler elle aussi un bon verre de vodka pour faire redescendre la pression. Mais elle savait que de n'était pas une solution. Les interrogations continuaient à se bousculer sous son crâne.

Comment sortirait-il de cette séance ?

Tout homme a ses limites. Zoé était sidérée de voir que Fabrice n'avait pas encore complètement perdu le contrôle et la raison. Elle redoutait qu'il ne s'effondre totalement dans la folie après cela.

Si cette nouvelle suggestion s'était correctement ancrée en lui pour rétablir la vérité, alors il pourrait tout entendre. Il pourrait enfin voir et accepter la trahison suprême. La manipulation perfide. But ultime de la mission que Taisho lui avait confiée.

C'était le seul moyen de guérir Fabrice. Durablement et définitivement.

Dans le cas contraire…

Zoé préférait ne pas y songer.

Chapitre 25

Hiver 2010. Alpes-de-Haute-Provence

Une semaine auparavant, Zoé avait pris la route des Alpes. Taisho avait besoin d'elle.

Ses yeux fixaient à intervalles réguliers l'horloge digitale sur son tableau de bord.

Pas moyen de franchir les 90 km/h au compteur sur ces routes de montagne en lacets.

Avec sa *Suzuki* GSX 750, elle aurait pris les virages à 120, genou au ras du sol. Mais pas en pleine nuit. Par conséquent, inutile de grommeler, cela ne la ferait pas avancer plus vite.

Quand Taisho l'avait appelée, elle sortait de son cours de krav-maga. Zoé avait pris la décision de le rejoindre alors qu'il faisait déjà nuit. Il était hors de question de prendre la moto. Surtout en plein mois de janvier et pour se rendre dans un village des Alpes-de-Haute-Provence qui plus est. Elle était certes casse-cou, mais pas inconsciente. Plutôt même très réfléchie et pondérée. Avec le sens des responsabilités.

Le rejoindre avait été une décision facile à prendre. ... Taisho qui l'appelait à l'aide, c'était comme Clint Eastwood en train de pleurnicher... Suffisamment inconcevable pour filer à son secours. Surtout qu'elle lui était redevable, et ce, depuis le jour même de leur rencontre quelques années auparavant. Elle n'oubliait pas...

... Marseille. 8e arrondissement.

Zoé s'en souvenait encore comme si c'était hier.

Elle avait frôlé la mort à plusieurs reprises, mais cette fois-ci, avec un *Glock* entre les deux yeux, elle avait vraiment cru que c'était la fin.

Elle avait pourtant étalé trois de ses agresseurs dans la petite impasse près du rond-point du Prado où elle était garée. Après avoir quitté la *Japan Expo Sud* au parc Chanot à la tombée de la nuit, quatre délinquants avaient voulu la coincer. Les trois premiers s'étaient retrouvés au tapis sans l'avoir vu venir, mais lorsqu'elle s'était retournée vers le quatrième qu'elle avait senti s'approcher dans son dos, le contact du métal froid du *Glock 23* l'avait immédiatement glacée. Elle n'avait pas eu le temps de réfléchir à une quelconque riposte, que le jeune loubard au visage dissimulé derrière son *keffieh* s'était retrouvé la tête coincée sur le bitume sous la chaussure d'un inconnu.

Le flingue était passé dans la main d'un homme sorti de nulle part. Un Asiatique.

La classe japonaise... Tout en élégance, avait immédiatement reconnu Zoé avant de se tenir à nouveau sur ses gardes. Ce n'est pas parce qu'elle partageait avec ce type des origines asiatiques qu'elle devait le prendre pour *Zorro.* Peut-être même allait-il l'agresser plus sournoisement que les quatre autres et vu son agilité et sa puissance, elle avait du souci à se faire.

Les petits yeux en amande de la jeune femme s'étaient encore plissés et ses pupilles s'étaient dilatées alors qu'elle scrutait l'individu.

Le redresseur de torts s'était retourné vers les trois mecs qui étaient en train de se relever, retira sa semelle de la joue du quatrième et lança fermement :

— Dispersez-vous !

En deux minutes, les quatre malfrats avaient déserté la ruelle en courant. Le dernier avait manqué de déraper en prenant son virage à droite pour quitter l'impasse, puis le silence était retombé. Zoé et Taisho étaient restés face à face, les yeux vissés l'un à l'autre.

Encore plus canon de près… avait pensé Taisho tout en faisant disparaître le *Glock* sous sa veste cintrée.

Pas très discret, avait remarqué Zoé…

— Je ne sais pas si ça va vous rassurer, mais je ne suis pas vraiment arrivé par hasard dans ce coupe-gorge, lança l'homme.

Il l'avait observée avant d'ajouter :

— Vous auriez dû vous montrer plus prudente… même si vous savez vous défendre, à ce que je vois !

Zoé l'avait dévisagé, déstabilisée.

À quoi jouait-il ?

Pas arrivé là par hasard ? Que voulait-il dire ?

Taisho, auquel le regard inquiet de la jeune femme n'avait pas échappé avait tenté de faire redescendre la pression.

— Je m'appelle Taisho et j'ai suivi jusqu'ici une demoiselle dont je suis tombée sous le charme… Je crois que j'ai bien fait, on dirait ! avait-il ajouté d'un franc sourire.

Ce n'était pas dans ses habitudes de faire la cour aussi ouvertement à une femme, mais il n'avait pas manqué de la remarquer à la *Japan Expo Sud.* Son physique... Une aura indéniable... En outre, lorsqu'il avait aperçu dans son portefeuille ouvert au stand de karaté sa carte d'accès au site de recrutement de la Légion étrangère d'Aubagne, l'ancien

171

légionnaire avait forcément été séduit.

Zoé ne lui avait pas rendu son sourire, se contentant de lui tendre une main ferme :

— Zoé. Merci pour le coup de main, mais n'imaginez pas que cela va vous permettre de coucher avec moi. Que les choses soient claires !

Directe.

Taisho aimait cela...

Il s'était incliné, à la japonaise :

— Ce ne sera pas nécessaire... Cette fois-ci, en tout cas…

Zoé avait encore froncé les sourcils et le Japonais avait à nouveau souri.

Elle n'avait pas succombé. Une mauvaise expérience passée lui avait appris à prendre tout son temps afin de connaître les hommes avec lesquels elle sortait. Ils en étaient toujours au stade de l'amitié depuis trois ans…

Tandis qu'elle se remémorait leur première rencontre, les phares de sa voiture éclairèrent le panneau d'entrée du village, niché au cœur des Alpes. *Deuxième à la sortie après le dernier stop,* lui avait indiqué son ami. Cinq minutes plus tard, elle se garait devant l'auberge *Le Refuge,* comme le signalait l'écriteau en lettres gothiques au-dessus de la porte d'entrée. Zoé sourit intérieurement. *Un repaire de circonstances...* Elle descendit de son véhicule et récupéra à l'arrière son sac de randonnée que son ami lui avait demandé d'emporter.

Sur le point de le rejoindre, les questions affluèrent une nouvelle fois.

Dans quel traquenard s'était-il encore fourré ?

Depuis qu'il avait quitté les légionnaires, Taisho ne restait décidément pas en place... Apparemment, sa boîte de sécurité et d'investigation ne suffisait pas à canaliser son énergie. Sur ces réflexions, la jeune femme qui frissonnait du changement brutal de température avec la côte méditerranéenne s'était retrouvée sur le perron de la grande bâtisse en pierre devant une porte en chêne. Pas de sonnette. Juste un heurtoir à tête de cerf qu'elle actionna fermement.

Elle patienta, constatant que plusieurs fenêtres étaient éclairées au rez-de-chaussée. Alors qu'elle soufflait dans ses mains pour les réchauffer, la porte s'ouvrit sur une souriante quinquagénaire qui l'observa quelques secondes.

— Bonsoir. Vous devez être Madame Phar-Ma-Qon, j'imagine, l'accueillit d'une voix chaleureuse l'aubergiste. Monsieur Satori m'a annoncé votre venue. Entrez donc, ne restez pas dans le froid.

Zoé lui rendit son « bonsoir » en s'excusant pour l'heure tardive.

Pharmakon... Satori... Visiblement, Taisho avait pris soin d'utiliser des pseudonymes. Des pseudos dont le sens ne lui échappait pas... *Il n'avait pu s'empêcher de faire de l'humour.* Zoé rouspéta pour elle-même avant de trouver cela amusant. Très spirituel... L'aubergiste ne s'en était apparemment pas étonnée, elle...

Elle se laissa guider à l'intérieur et pénétra dans un vaste salon aux couleurs mordorées, encore accentuées par le feu de cheminée. Une grosse bûche finissait de s'y consumer. Et Taisho était assis à une table juste à côté.

— Vous voulez peut-être une boisson chaude ? demanda aimablement l'hôtelière.

— Non, je vous en prie. C'est déjà gentil d'avoir patienté

jusqu'à mon arrivée !

— Je vous laisse alors… N'hésitez pas si vous avez besoin de quoi que ce soit. Je rejoins mon logement. Il suffit de frapper, là-bas, ajouta-t-elle en désignant une porte au fond de la pièce.

Sur quoi la logeuse s'éclipsa, laissant les amis à leurs retrouvailles. Taisho vint à sa rencontre.

— Toujours aussi charmante ma Zoé.

Il la serra amicalement dans ses bras.

— Merci, Taisho, mais je ne crois pas que tu m'aies fait parcourir tous ces kilomètres pour me complimenter, répondit Zoé en souriant. Expose-moi plutôt la situation.

— Suis-moi, l'invita-t-il.

Il la guida, une main dans le dos, jusqu'aux escaliers après avoir pris soin de la décharger de son sac.

Ils arrivèrent sur le palier, à l'étage.

— C'est la première chambre à droite. Nous sommes seuls avec la propriétaire. Une tempête est annoncée pour le week-end, je pense que cela a dissuadé les touristes…

— Seule avec toi Taisho… je frémis d'inquiétude… ajouta Zoé, habituée à leur petit jeu auquel elle se prêtait avec connivence.

— Ne crains pas pour ta vertu, ta chambre à toi est juste là, en face de la mienne.

Elle sourit.

Les deux amis s'engouffrèrent dans la chambre de Taisho et, une fois la porte refermée sur eux, l'homme retrouva pleinement son sérieux.

— Assieds-toi.

Il désigna l'une des deux chaises disposées autour d'une

petite table de pin.

— Tout d'abord, promets-moi de me laisser terminer sans m'interrompre… C'est une histoire un peu compliquée. Plutôt critique. Des vies sont en jeu. Dont celle d'un de mes amis.

Zoé l'observa attentivement. Elle n'était pas étonnée, se doutant bien que les choses étaient sérieuses.

— Je ne vois pas qui, à part toi, peut sortir mon ami du brouillard dans lequel il se trouve. Je t'explique…

Taisho lui exposa alors les événements de ces trois derniers mois, depuis qu'il avait revu Fabrice dans un état second à Cannes.

Il évoqua la filature pendant des semaines… l'adultère de sa femme avec un pourri de la région… L'assassinat enfin.

Zoé ne laissait rien transparaître, seulement concentrée et professionnelle à mesure que son ami résumait la situation. Pourtant, cette histoire l'affligeait. Sa conduite était dictée par des valeurs auxquelles elle ne dérogeait jamais, même quand elles allaient à l'encontre de celles promues par la société. Que des individus en soient autant dépourvus la dépassait. Elle le savait, mais ne pouvait toujours pas s'y résoudre. C'était entre autres pour son sens de l'honneur et de la Justice que Taisho avait fait appel à elle. Parce qu'elle était psychiatre, aussi.

Taisho poursuivit avec le déplacement du corps dans le congélateur. Zoé était sidérée.

À l'évocation de Cassandre, de ses séances d'hypnose, de ses manipulations à l'encontre de Fabrice, elle plissa les paupières, tout particulièrement intriguée par ce point-là.

Zoé s'était, comme Cassandre, spécialisée dans l'hypnose depuis quelques années. Depuis que l'armée, pour le compte de laquelle elle travaillait à l'hôpital militaire Laveran de Marseille, l'avait formée pour mieux prendre en charge les soldats victimes de traumatismes à leur retour du front.

Taisho lui exposa l'emprise sous laquelle se trouvait Fabrice, totalement asservi par Cassandre.

Convaincu d'avoir accidentellement tué sa femme… Aussi fantasque que cela puisse paraître, conclut le Japonais.

— Pas fantasque du tout. Cassandre ne serait pas la première psychiatre à manipuler ses patients. On trouve dans cette profession quelques pervers qui ont sciemment choisi cette spécialité en raison du pouvoir sur l'esprit qu'elle leur confère. La place rêvée pour un sociopathe qui ne jouit que de la manipulation d'autrui. Heureusement, tous les psychiatres ne sont pas comme cela…

— Et la solution pour mon ami, à ton avis ? J'ai essayé de lui parler, mais il refuse le dialogue. Il n'écoute et ne fait confiance qu'à Cassandre.

— C'est évident…

Zoé prit le temps de réfléchir avant d'ajouter :

— Bien sûr, il faut soustraire le corps de sa femme de son congélateur au plus vite… Mais ça, tu le sais déjà.

— J'y comptais bien. J'attendais seulement le moment propice pour ne pas me faire surprendre par la psy. Depuis ce soir, elle est redescendue sur la Côte, comme mes contacts me l'ont confirmé. Il faut trouver un plan pour éloigner Fabrice le plus tôt possible. Alors, j'interviendrai.

— Pour ce qui est des dégâts psychiques, poursuivit Zoé, rien ne sert d'exposer à ton ami la vérité sur Cassandre. D'après ce que j'ai compris, tu n'as aucune preuve à son encontre. C'est ta parole contre la sienne et, s'il est sous son emprise, il la défendra corps et âme. Nous ne ferons que l'enfoncer un peu plus dans sa crise délirante et paranoïaque et renforcer sa dépendance à son égard… De solution, je n'en vois qu'une… Pratiquer une contre-manipulation avec les mêmes armes… Celles de l'hypnose. Une contre-manipulation pour faire ressurgir les pensées refoulées.

— Des preuves, il y en a peut-être. Céline portait le jour de son assassinat des lunettes-caméra. Elle avait apparemment flairé quelque chose. Elle s'inquiétait aussi : elle avait acheté un *taser*. Quand Cassandre a ramené son cadavre au chalet, elle a peut-être rapporté également le sac à main qu'elle avait avec elle ce soir-là, et les lunettes, je l'espère. Il pourrait être utile de fouiller les lieux…

— Reste à trouver la bonne raison pour s'y introduire et rechercher ces lunettes, compléta Zoé. Et pour soigner ton ami, il faudrait d'abord le convaincre de se prêter aux séances d'hypnose. Ce n'est pas gagné, je pense…

— Je peux néanmoins compter sur toi ? Tu me suis sur cette affaire ? demanda Taisho.

Zoé n'hésita pas.

— Quel psy je serais si je refusais ? Et quelle amie je ferais ? Bien sûr que tu peux compter sur moi.

Avant, il fallait dans tous les cas récupérer le corps de Céline.

Taisho se rendrait chez Fabrice au petit matin et attendrait le moment propice pour s'infiltrer dans le chalet.

Chapitre 26

Un nouveau réveil vaseux pour Fabrice le lendemain matin. Alors qu'il venait tout juste d'émerger de son mauvais rêve, la réalité le rattrapa.

Céline est morte…

Je l'ai tuée…

Cauchemar ou vérité ?

Il se redressa vivement sur le canapé dans lequel il s'était endormi.

Ajax, à ses pieds, sursauta de la même manière. Les oreilles légèrement en arrière, les yeux ronds. Il inclina la tête, comme s'il essayait de comprendre son maître et ce brusque réveil.

Des images remontèrent à la conscience de Fabrice. Flashs incontrôlables.

Des discussions avec Cassandre aussi.

Non, tu n'es pas un monstre… C'était un accident… Un terrible accident.

Il revoyait également le corps de Céline.

Son corps dans…

Malgré son état comateux, en moins de deux secondes, il bondit sur ses jambes et fila droit en direction de la cave. Il arracha quasiment la porte et dévala les marches.

Il avait encore trop bu.

Pour une fois, c'était une source d'espoir…

Peut-être qu'il délirait ?

Céline n'était pas morte.

Elle avait disparu…

Il se raccrocha à cette réalité-là au moment où il souleva la porte du congélateur au sous-sol. Un répit d'une courte durée. Il resta sonné lorsqu'il découvrit le contenu.

Céline gisait bien là.

Plus de doute possible. Plus d'issue.

Il s'écroula sur le carrelage, la tête entre les mains.

« Mais qu'est-ce que j'ai fait, putain ? Qu'est-ce que j'ai fait ?! » hurla-t-il.

Ajax, qui était resté devant la porte de la cave se mit en trembler en entendant les cris de son maître et, la queue entre les jambes, regagna le tapis du salon sur lequel il se coucha en boule, une patte au-dessus de son oreille. Fabrice resta encore plusieurs secondes affalé au sous-sol, tapant rageusement du poing sur le carrelage jusqu'à ce que la douleur devienne insupportable.

Alors, il retourna au rez-de-chaussée.

Il ne lui restait qu'une seule chose à faire.

Il fouilla dans un tiroir du buffet qu'il n'ouvrait jamais et récupéra au fond du bric-à-brac un téléphone portable d'un autre âge.

Il s'en saisit.

Bien sûr, il n'y avait plus de batterie.

Il chercha encore et s'empara du chargeur. Le brancha dans la prise la plus proche et connecta le téléphone qu'il ralluma.

Composition mécanique du code PIN puis d'un numéro. Trois sonneries lugubres qui durèrent une éternité avant qu'une voix familière ne lui réponde. Il ne prit même pas la peine de se présenter. *À quoi bon ?*

— Putain Cassandre ! Je deviens fou. J'ai tué Céline !

La voix à l'autre bout du fil l'invita à se calmer. À ne pas paniquer.

— Pas paniquer ! Mais j'ai buté ma femme. Tu le savais, toi ?!!

Bien sûr qu'elle le savait. Il refusait jusque-là de l'admettre. Il en prenait conscience, c'était positif, lui expliqua posément Cassandre. Mais il ne fallait pas qu'il oublie que c'était un accident, ajouta-t-elle de nouveau, comme dans les souvenirs de Fabrice.

— Un accident ! Y a pas d'accident ! C'est ma vie qui est un accident. Faut m'enfermer, bordel ! Je suis dangereux ! Pourquoi t'es pas allé me balancer aux flics ?

Cassandre tenta une nouvelle fois de calmer Fabrice qui n'entendait rien. Complètement dément.

— Je vais trouver les flics. Qu'ils m'enferment ! hurla-t-il en balançant, enragé, le téléphone qui vint s'exploser contre la porte d'entrée.

Cinq minutes plus, tard, Ajax sautait à l'arrière du 4X4 *Lada* boueux.

Fabrice prit le volant. Les pneus patinèrent dans la poudreuse puis la voiture décolla sur le petit chemin cabossé jusqu'à se perdre dans le virage.

⁂

À plus de cent kilomètres de là, Cassandre tentait vainement de recomposer le numéro de Fabrice.

Aucune réponse.

Ce fichu répondeur.

Elle ne prit même pas la peine de laisser un message. Fabrice ne l'écouterait pas. Une tête de pioche quand il s'y mettait.

Pour une fois, elle perdit son sang-froid habituel.

S'il allait se balancer seul à la police, que leur dirait-il ?

N'allait-il pas commettre d'impair ? Était-il vraiment prêt ?

Bien sûr que cette étape faisait partie de ses plans.

Mais seulement quand elle l'aurait décidé.

Et là, Fabrice lui échappait.

Elle jura et quitta sur-le-champ son cabinet, bousculant en sortant un résident qui s'engouffrait dans l'immeuble. Elle s'excusa en maugréant.

Calme-toi, Cassandre. Contrôle-toi !

Elle détestait quand elle perdait la maîtrise des événements. Ses yeux verts qui venaient de virer au jaune en témoignaient.

Il était 10 h. Il lui faudrait au moins deux heures et demie pour rejoindre les Alpes. Même en roulant vite.

Il ne fallait pas qu'elle arrive trop tard. Elle devait aussi donner aux flics sa version.

Celle qu'elle avait minutieusement préparée.

*
* *

Au même moment, Taisho venait d'observer, du haut de l'arbre dans lequel il se trouvait, le départ précipité de son ami au volant de son 4X4. Il ne serait même pas nécessaire d'attendre l'heure de la promenade habituelle de Fabrice et d'Ajax pour s'infiltrer. Le maître et son chien lui laissaient la voie libre. Il n'y avait pas de temps à perdre.

En quelques secondes, il était au pied du grand sapin où il était en observation.

Dix minutes plus tard, il rejoignit son véhicule avec le sac mortuaire isotherme sur le dos.

Alors qu'il regagnait son domicile par la route napoléonienne, son 4X4 croisa celui de la psychiatre qui remontait le col à vive allure.

Que tramait-elle encore celle-là ?

Il fallait l'avoir à l'œil.

Rapide coup de fil à Zoé restée à l'auberge.

Elle se placerait à son tour en observation près du chalet de Fabrice.

Deux heures plus tard, Taisho arriva sur le plateau de Caussols, devant la porte de sa grange. Prêt à transférer le corps dans un autre congélateur.

Chapitre 27

Une heure plus tard… Alpes-de-Haute-Provence

— Si je récapitule… En début de semaine, vous nous signaliez la disparition de votre épouse que vous aviez soi-disant accompagnée à la gare de Digne. Et maintenant, vous l'avez retrouvée dans votre congélo. Mouais… Faut savoir, monsieur Barsac ! s'agaça le capitaine Labarrière en se levant brusquement de sa chaise, arpentant le bureau grisâtre.

Face à lui, Fabrice, dans ses vêtements de la veille et une barbe de trois jours, se tenait la tête entre les mains, les coudes en appui sur la table dans la salle d'interrogatoire de la gendarmerie de Pic-le-Duc. Incapable d'ajouter quoi que ce soit à ce qu'il venait d'avouer.

Le commandant l'observait dubitatif.

— Et on peut savoir comment votre femme s'est retrouvée dans votre congélateur ?...

— Je vous l'ai déjà dit. Une dispute… Un geste… Je ne sais plus, répondit Fabrice complètement sonné.

— Bon OK. Suivez-nous. On va aller voir ça sur place, soupira le gendarme en signifiant d'un petit signe de la tête à son adjudant de l'accompagner.

Les deux militaires quittèrent la caserne en encadrant Fabrice et se dirigèrent vers leur *Trafic*. Au moment où le jeune adjudant au physique fluet s'apprêtait à faire coulisser la porte arrière, Fabrice eut un sursaut de lucidité.

— Et mon chien dans la voiture ! … Peux pas le laisser

là…

Le capitaine soupira une nouvelle fois. Ce type avait décidément l'intention de le mettre en rogne à pinailler sur des détails. Il n'avait pour sa part qu'une hâte, s'assurer que le gars était juste délirant et qu'aucun crime n'avait été commis dans leur juridiction.

Il ne manquerait plus que ça pour débuter l'année !

— Eh ben, vous prenez votre voiture et on vous suit alors. C'est pas plus compliqué…

Trente minutes de trajet sur la route en lacets au terme duquel les deux véhicules se garèrent devant le vieux chalet.

Quand les gendarmes descendirent de leur fourgonnette, Ajax se posta face à eux en grognant.

— Du calme mon chien. Va te promener.

Le chien leva la tête vers son maître et obéit en gambadant, à l'affût d'autres odeurs.

— C'est vraiment isolé chez vous ! fit remarquer le gradé, surpris que l'on puisse vivre dans un tel trou et dans un tel logement.

Y avait-il seulement l'eau courante dans cette bicoque ?

Fabrice ne répondit pas, se contentant de les guider à l'intérieur. Quand il appuya sur l'interrupteur, les deux collègues échangèrent une même moue de dégoût en découvrant le bordel. Fabrice se dirigea vers le sous-sol et les invita à descendre.

— Le congélateur est dans la cave…

Dans la cave… ? Charmant… songea le jeune adjudant. Et il n'était pas au bout de ses surprises. Arrivé, au rez-de-chaussée, lorsque la lumière jaillit à nouveau, il ne put s'empêcher de sursauter et porter sa main à son flingue.

C'était quoi tous ces yeux braqués sur lui ?... Avant de constater que ce n'était que des animaux empaillés.

Son chef les découvrit à son tour.

— Vous faites quoi avec tous ces bestiaux !

— Je suis passionné de taxidermie... Y a rien de mal à ça, répondit Fabrice comme pris en faute.

— Alors, il est où votre congélo ? demanda le supérieur d'un ton visiblement exaspéré.

Fabrice désigna de la main le fond de la pièce. Le capitaine avança sa masse imposante après avoir discrètement signifié d'un hochement de tête à son subordonné de garder l'autre à l'œil.

Petite montée d'adrénaline au moment de soulever le couvercle du congélateur même s'il avait du mal à croire la version saugrenue de l'ancien légionnaire visiblement perturbé.

Vide. C'était bien ce qu'il pensait.

Heureusement !

— Et merde ! Vous nous avez fait nous déplacer pour nous présenter le fond de votre congélateur ! Faut arrêter de jouer avec nous, monsieur Barsac, hurla le gradé.

Fabrice s'avança à son tour, incrédule, et constata avec effarement que son congélateur était en effet vide.

— Mais je vous assure... Tout à l'heure...

— Ça suffit maintenant ! coupa net le gendarme. Désormais, concernant votre épouse, nous allons ouvrir une enquête pour disparition inquiétante vu le délai écoulé depuis votre premier signalement. Et vous, vous allez devoir consulter un médecin. Parce que visiblement, vous avez un sérieux problème !

— Je suis déjà suivi par un psychiatre, ajouta Fabrice penaud.

— Et bien, vous allez commencer par nous donner son nom ! aboya-t-il de nouveau.

— Ça ne sera pas nécessaire, me voici, répondit Cassandre qui se tenait à l'entrée de la cave. Je vais tout vous expliquer.

Les deux collègues échangèrent des regards incrédules. *D'où sortait-elle, celle-là ? Qu'est-ce que c'était que ce plan ?* Un vrai épisode de *Columbo*.

Cassandre s'approcha pour leur serrer la main, jeta un coup d'œil discret par-dessus leurs épaules en direction du congélateur pour vérifier ce qu'elle venait d'entendre. …Réprimant sa surprise. Sur quoi, les fixant droit dans les yeux, elle se présenta, le visage souriant et en apparence détendue. Une comédienne hors pair…

— Cassandre Lenoir, psychiatre à Cannes et pour le barreau de Nice. Monsieur Barsac est mon patient depuis son retour d'Afghanistan et je suis aussi amie de son épouse. Monsieur Barsac m'a téléphoné voici plus de deux heures et vu l'incohérence de ses propos, j'ai jugé préférable de venir le rejoindre… J'ai apparemment bien fait, ajouta-t-elle. On pourrait monter au rez-de-chaussée pour discuter plus confortablement.

Elle conclut d'un sourire affable et, sans attendre de réponse, elle s'engagea dans la cage d'escalier, les trois hommes suivaient derrière elle, le plus jeune en profitant pour lorgner les jolies petites fesses moulées dans un jean *slim*.

Canon la psy…

— Asseyez-vous, je vous en prie, les invita Cassandre. Je viens ici régulièrement depuis que mon patient a quitté la

Côte d'Azur pour emménager dans le chalet de son père. Je vous prépare un café ?

— Ce ne sera pas nécessaire et nous préférons rester debout. Venez-en plutôt aux faits, madame Lenoir, rétorqua le capitaine d'un ton ferme, mais néanmoins adouci.

— Les faits ? Oh ! Je peux vous les résumer, mais il faudrait échanger plusieurs heures pour comprendre vraiment… Tout a commencé avec le retour de monsieur Barsac d'Afghanistan il y a environ dix-huit mois. Il vous a dit qu'il était dans la Légion ? Tireur d'élite ?

Le capitaine acquiesça d'un signe de la tête.

— Un syndrome de stress post-traumatique a été diagnostiqué par la cellule psychologique de l'armée puis moi-même. Monsieur Barsac ne s'est en fait jamais véritablement remis de l'embuscade dans laquelle plusieurs de ses compagnons ont trouvé la mort. Cauchemars, visions, sentiment paranoïaque se sont accentués au fil des mois.

Les deux gendarmes l'observaient attentivement, le plus jeune visiblement gêné par des confidences si personnelles au sujet d'un militaire, comme lui.

— Les relations avec son épouse, Céline, également ma meilleure amie, se sont dégradées, poursuivit Cassandre, très à l'aise dans son rôle de narratrice. Fabrice a emménagé ici. Céline, enfin madame Barsac, a beaucoup de mal à comprendre et accepter les blessures psychologiques de son mari et m'a fait part de sa volonté de refaire sa vie, loin d'ici. Elle avait même mis de côté un peu d'argent liquide à cette fin et — excuse-moi Fabrice de devoir aborder cela devant toi — je la soupçonne d'avoir un amant qui l'attend quelque part. Peut-être l'a-t-elle rejoint ?

— C'est une possibilité que nous n'écarterons pas, commenta le capitaine, concentré sur cette version des faits fort crédible.

— Alors que son état s'était quelque peu amélioré, Fabrice est sujet à de nouveaux cauchemars, de nouvelles visions, depuis dimanche, jour de la disparition de son épouse. C'est délicat de parler de tout cela devant toi, Fabrice, mais c'est nécessaire pour l'enquête, pour ton propre équilibre…

Fabrice ne releva même pas. Il s'était assis devant sa table de cuisine et avait repris sa position catatonique, la tête entre ses paumes, affalé, complètement sonné.

— Tout se mêle dans son esprit. Il n'accepte pas cette disparition. Tantôt il la nie. Tantôt il m'a expliqué l'avoir conduite lui-même en gare de Digne. Tantôt il me relate un accident au cours duquel il l'aurait bousculée et qu'elle en serait morte. Il m'a aussi raconté avoir mis le corps dans le congélateur… mais il n'y en a jamais eu aucune trace. Fabrice est juste perdu. Traumatisé… Déboussolé…

— Dans ce cas, il faudrait peut-être le conduire dans un établissement spécialisé… Un hôpital, quoi… commenta le gradé.

— Sauf votre respect, capitaine… Je ne pense pas que ce soit la meilleure solution pour Fabrice, répondit Cassandre, soucieuse qu'un confrère psychiatre puisse mettre le nez dans son dossier et percer ses manigances. Si ce qui vous inquiète est le danger qu'il constitue, je me porte garante sur ce point. Monsieur Barsac est certes fragile, mais totalement inoffensif. De plus, à qui voulez-vous qu'il fasse de mal dans ce chalet où il demeure ? Il vous suffit de l'assigner à résidence et de surveiller ses faits et gestes. Je continue pour ma part à assurer son suivi psychiatrique. Vous n'allez tout de même pas faire enfermer un militaire, comme vous…

Cassandre conclut par une petite moue. L'argument fit mouche. D'autant que s'il pouvait éviter un vendredi la paperasserie que nécessitait un placement d'office en institut, le capitaine n'était pas contre… Il hésita quelques secondes puis ajouta :

— Bon, nous allons commencer par ouvrir une enquête sur la disparition de madame… En fonction des résultats, nous verrons quel sort nous réserverons à monsieur Barsac. Pour le moment, nous le confions à vos bons soins et nous demanderons à monsieur de ne pas quitter le département. OK !

Fabrice se contenta de confirmer d'un grognement.

— On vous laisse alors, madame Lenoir. Passez tout de même à la caserne dans la journée que l'on puisse prendre votre déposition et vous poser d'autres questions éventuelles.

Sur quoi les deux gendarmes prirent congé et regagnèrent stupéfaits, mais soulagés, leur véhicule.

Une affaire qui ne se terminait pas si mal en fin de compte, conclut le supérieur.

Juste une épouse qui a besoin de prendre un peu l'air et un mari ébranlé.

Et eux rentreraient à l'heure pour midi…

À l'intérieur, Cassandre réprima avec difficulté cette fureur qu'elle sentait naître en elle. Elle n'avait qu'une envie, étriper Fabrice. *Il avait bien failli tout foutre en l'air et la compromettre.* Elle se serait volontiers débarrassée de lui, là, tout de suite, comme elle l'avait fait avec Céline. Mais il fallait d'abord qu'elle retrouve le corps…

Qu'avait-il bien pu en faire ! Qu'est-ce qui lui avait traversé l'esprit ? Et si quelqu'un tombait dessus ?

Bien sûr, elle pourrait toujours lui coller le crime sur le dos, mais avec le rebondissement de la journée, c'était risqué. Le mieux était de l'éliminer et faire passer cela pour un suicide. *C'est ça, c'est ce qu'il fallait faire. Le forcer à parler. Puis le faire disparaître.*

Alors, elle se retourna vers le légionnaire qui arpentait le chalet en tournant en rond, gesticulant. Surexcité et marmonnant tout seul. Même pas la peine de tenter de discuter avec lui. Il ne restait que l'hypnose, comme toujours. … Et le petit comprimé qui le rendrait plus loquace. Il se montrerait disert, qu'il le veuille ou non.

Pourtant, en fin de journée, elle n'en savait pas plus.

Même sous hypnose, aucune piste concernant la disparition du corps de Céline.

Si Fabrice s'en était débarrassé, c'était certainement par pure défense psychologique, refusant ce cadavre qui faisait de lui un meurtrier.

Mais où l'avait-il planqué ?

Avec un peu de chance, on ne le retrouverait jamais.

Cependant, Cassandre ne comptait pas composer avec le hasard. Les événements, elle avait appris à les maîtriser.

Après être allée faire sa déposition, elle s'apprêtait à redescendre à Cannes avant la tombée de la nuit pour en référer à Félix, même si elle connaissait la suite du plan : recourir à Anton, l'homme de main de son amant pour tenter une dernière fois de faire parler Fabrice.

Par tous les moyens.

Puis s'en débarrasser.

Chapitre 28

Hiver 2010. Alpes-de-Haute-Provence

Le soir même, Taisho était revenu de Caussols, exténué par sa journée. Épuisé physiquement, mais surtout moralement, après avoir transporté le corps de Céline, partageant la souffrance de son ami et anticipant la douleur supplémentaire qu'il éprouverait lorsqu'il connaîtrait toute la vérité.

Bientôt, il l'espérait malgré tout. Car plus vite Fabrice saurait, plus vite il apprendrait à s'en remettre. Et lui serait là pour l'y aider.

Zoé, quant à elle, avait observé, derrière ses jumelles, les va-et-vient chez Fabrice. Elle en fit un rapide compte-rendu à Taisho... *L'arrivée des gendarmes avec Fabrice... Leur départ, seuls. L'aller-retour de la psy...*

Ils aboutirent à la même conclusion. *Ils avaient décidément soustrait le corps à temps...*

« Un signe... » commenta Taisho, optimiste, se consolant aussi de savoir que la psychiatre devait tourner en rond à se demander où était passé le corps...

Cela ne réglait tout de même pas tous les problèmes.

Comment ouvrir les yeux de Fabrice ?

Son état nécessitait des soins. Une contre-thérapie. Mais pour cela, il fallait que Zoé l'approche.

« J'ai un plan », assura-t-elle.

Taisho écarquillait les yeux au fur et à mesure qu'elle le lui exposait.

191

Elle était allée se procurer en rentrant un équipement de ski de fond. Une tempête était annoncée pour le dimanche et les jours suivants. Vigilance rouge. Elle partirait néanmoins le matin de bonne heure…

Elle emprunterait le chemin de l'Espiguette qui conduisait chez Fabrice…

Elle simulerait une foulure et s'arrêterait dans la clairière, juste derrière le chalet, là où Fabrice promenait son chien tous les jours, invariablement. S'il ne sortait pas, ses cris pourraient toujours l'alerter.

Elle serait à des kilomètres du premier village. Il ne restait plus qu'à espérer que la route soit paralysée par la neige, ce qui était probable vu le bulletin météo. Espérer surtout aussi que Fabrice ait encore l'âme d'un sauveur et qu'il reste à l'ours un minimum de sens de l'hospitalité…

Chapitre 29

Hiver 2010. Une semaine plus tard. Alpes-de-Haute-Provence

Fabrice avait fini par s'endormir après sa séance d'hypnose. À nouveau éreinté, il s'était effondré sur le canapé.

Sans boire une goutte d'alcool cette fois-ci…

Il était peut-être sur la bonne voie…

Zoé l'espérait.

Elle-même était remontée aussitôt dans sa chambre. Le lendemain, une longue journée l'attendait. Il fallait qu'elle récupère.

Elle fut réveillée de bon matin par un rayon de soleil qui perçait par la fenêtre. Elle se redressa vivement et bondit hors du lit. De l'autre côté de la vitre, le vent, toujours aussi intensif, charriait les cristaux de neige accumulés sur les lourdes branches des sapins et des mélèzes. Il ne neigeait plus en revanche et, à l'horizon, les nuages avaient disparu, laissant place à un soleil d'hiver lumineux.

Il était temps d'agir.

Bientôt, Fabrice lui demanderait de partir.

Avant, elle devait lui montrer le contenu de la carte.

Taisho était, lui, toujours injoignable. Aucun réseau. Zoé pesta. Faute de mieux, elle lui envoya tout de même un SMS qu'il recevrait peut-être plus tard : « J'ai trouvé les lunettes et la carte SD. Tout est dessus. Je t'attends au chalet avant de montrer les preuves à Fabrice. Rejoins-moi dès que tu peux. »

Du rez-de-chaussée, des bruits remontaient. Fabrice était apparemment levé.

Elle descendit les marches et le trouva sur son canapé, une tasse à la main.

C'est lui qui la salua le premier. *Pour une fois…* se réjouit Zoé en répondant à son « bonjour ».

— Le café est prêt… Si tu en veux une tasse, ajouta-t-il.

De mieux en mieux…

Zoé devait le reconnaître, les quelques jours passés ici avaient fini par la reprocher de Fabrice. Elle se ravisa aussitôt.

N'oublie pas que c'est un patient !

Elle le remercia, se dirigea vers le coin-cuisine, s'empara d'une tasse dans le placard et la remplit.

— J'aurais deux ou trois questions à te poser concernant la séance d'hier soir… osa Fabrice, qui semblait apparemment retrouver une once de lucidité.

— Bien sûr. Que veux-tu savoir ?

Tout en l'interrogeant, Zoé était retournée s'asseoir face à lui. *Toujours favoriser le contact et la proximité avec les patients…*

Il n'eut pas le temps de répondre. Des coups sonores et répétés sur la porte d'entrée les interrompirent.

« Ouvrez ! Police ! »

Fabrice s'extirpa lourdement du canapé avachi et se dirigea vers la porte, sans réaction émotive particulière. C'est du moins la réflexion que se fit Zoé, assise devant lui, surprise par ces coups brutaux qui secouaient la porte.

La Police ? Comment allait-elle pouvoir gérer leur visite ? C'était encore trop tôt.

Sans un mot, Fabrice entrouvrit l'épaisse porte en chêne. Il se trouva face à la gueule noire d'un pistolet de gros calibre. Avant même qu'il ne puisse réagir, l'individu qui lui faisait face balança un violent coup de pied dans la porte, ce qui l'éjecta à terre.

Anton, homme de main de Félix, n'avait eu aucun mal à trouver le chalet grâce à son GPS et au plan fourni par Cassandre, après avoir été néanmoins retardé durant quatre jours par la tempête. C'est tout aussi facilement qu'il s'était pointé avec une fausse carte de police et le sésame éculé qui l'accompagnait.

Il profita de ce moment de confusion pour braquer Zoé de son arme, lui signifiant par là même de ne pas bouger. Il s'adossa de toutes ses forces contre la porte pour la refermer.

Qui était ce type ? Un poids lourd, en plus, estima Zoé. 110 à 120 kg de viande pour au moins 1m90. Sa parka paraissait deux tailles trop petite pour lui. Quelques poils châtain clair sur son crâne quasi rasé, des yeux noirs et vides semblables à ceux d'un squale. La caricature même de la brute épaisse sans aucun état d'âme, songea-t-elle effrayée.

Fabrice se redressa, jurant de s'être laissé avoir aussi stupidement. Une preuve de plus qu'il n'était vraiment plus bon à rien...

— Paraît que t'as un chien ? lança le colosse à Fabrice. Si je vois le bout de son groin, j'le bute !

Fabrice ne se donna même pas la peine de répondre que le chien était dehors pour sa petite balade hygiénique.

— Bon maintenant que les présentations sont faites, on va pouvoir discuter tranquillement. Mais avant, toi, le pouilleux, tu prends deux chaises et tu vas les mettre là-bas au fond, face à moi. Et vous posez ensuite tous les deux vos culs dessus.

À part obtempérer, Zoé ne voyait pas d'autre option compte tenu de la situation. D'autant qu'elle avait la certitude qu'il n'hésiterait pas l'ombre d'une seconde à la tuer. Elle ne présentait aucun intérêt pour l'individu. Il était là pour Fabrice. C'était évident. Il savait qu'il y avait un chien. Sa venue n'était pas due au hasard.

Son apparence, sa gestuelle, cette manière de se mouvoir et ce flingue… C'était un pro.

Et il était ici pour obtenir quelque chose de bien précis de Fabrice qu'elle regarda en train d'installer les deux chaises côte à côte. Il avait une lueur de rage dans les yeux qu'elle ne lui avait jamais vue.

Quand ils furent assis, l'individu leur lia les poignets aux montants des chaises avec des bracelets plastiques coulissants. Les nouvelles menottes de la police...

Il procéda avec une telle aisance qu'il ne faisait aucun doute pour Zoé que l'homme avait une grande expérience dans cette pratique. Elle se demanda si Fabrice se faisait les mêmes réflexions.

— Alors maintenant vous ouvrez bien vos oreilles, ma mission ici est simple. Une seule question à poser, donc il me faut une seule réponse. J'partirai pas d'ici sans l'avoir. T'as bien compris le légionnaire de mes deux ?

Le visage aussi expressif qu'un masque mortuaire, d'une voix monocorde, il demanda :

— Où t'as caché le corps de ta femme ?

Fabrice le regarda d'abord effaré.

— Moi qui espérais que tu allais me le dire, répondit-il rageusement.

Le tueur gifla Fabrice avec une telle violence qu'il le fit choir sur le plancher. Sans effort apparent, il redressa la chaise et son occupant. Du sang coulait de son arcade ouverte, barbouillant le visage de Fabrice, néanmoins stoïque.

— T'as pas compris on dirait ! Tu vois ta copine attachée là ? Ben, regarde-la bien pendant qu'elle est encore entière. On verra tout à l'heure si tu joues toujours les héros quand elle sera en pièces détachées !

Joignant le geste à la parole, il sortit d'une de ses poches un gros rouleau de ruban adhésif jaune extra large.

Il bâillonna Zoé en lui collant deux grandes bandes sur la bouche.

Plusieurs tours sur les chevilles et pieds de chaise.

Il marcha vers l'antique canapé, posa son pistolet sur la table basse, retira sa parka qu'il déposa soigneusement sur le divan.

Fabrice recevait les regards affolés de Zoé, totalement impuissant à lui venir en aide.

Un mouvement vers la fenêtre capta son attention.

Un espoir pour les deux prisonniers.

Anton tourna la tête.

Un gros chien, les pattes en appui sur le rebord, les observait.

Dégainant de l'étui accroché à sa ceinture, un énorme couteau de chasse, il se dirigea rapidement vers la porte. Une fois dehors il ne put que constater que la saloperie de chien s'était barrée. Il jura, examina les alentours d'un mouvement circulaire et se résigna à rentrer, laissant l'animal dans la nature.

— Ton chien ne perd rien pour attendre ! Bon… j'en étais où ?

Il empoigna le pull-over de Zoé et fendit le vêtement d'un trait, de haut en bas. Avec la dextérité d'un maître-boucher, il découpa ainsi en un temps record l'ensemble des vêtements et sous-vêtements de la jeune femme. Il se recula pour contempler son travail.

Dans d'autres circonstances, Fabrice aurait aussi admiré la plastique irréprochable de l'Asiatique...

Petite poitrine ferme. Hanches parfaites et... rectangle étroit, parfait lui aussi, sur le pubis.

Mais là, il était pétrifié d'horreur.

Il ne pouvait pas sauver cette pauvre fille...

Il ne savait absolument pas où était passé le cadavre de Céline...

Fallait gagner un peu de temps... Trouver une idée !

— Alors ?... Je commence par quoi ? Une oreille... le nez... Ah oui, bien sûr ! Les tétons ! Très douloureux ça, mec. Tu le sais, hein ?

Il fixa Zoé droit dans les yeux en se pourléchant les lèvres avec lubricité.

Chapitre 30

Pendant ce temps, Taisho demandait à l'aubergiste s'il pouvait profiter du feu de cheminée, dans la grande salle, pour préparer du thé.

— Du thé à la menthe ? s'interrogea-t-elle avec un grand sourire.

— Heu... Non... J'ai apporté du *Sencha*, un thé vert du Japon. Peut-être souhaiteriez-vous partager un bol avec moi ?

— Si cela ne vous dérange pas, pourquoi pas...

Alors qu'il s'apprêtait à monter dans sa chambre pour chercher sa provision de thé japonais dans son sac à dos, il aperçut par la fenêtre un chien qui ressemblait comme un frère à Ajax.

Si c'était le cas, que faisait-il ici, l'air perdu... ? Un peu loin du chalet pour ses besoins naturels. Et pour une promenade, il ne serait pas seul...

— Excusez-moi, le thé devra attendre. Un petit contretemps... Mais l'invitation tient toujours à mon retour...

— Pas de problème, monsieur Satori...

Il prit son manteau et sortit.

Dehors un vent glacial venu des sommets faisait encore virevolter quelques cristaux de neige. Avant même d'enfiler bonnet et gants, il jeta un œil sur son portable.

Trois barres.

Et une enveloppe, qu'il ouvrit, découvrant le dernier

message de Zoé.

C'était de bonnes nouvelles. Le moment était arrivé. Il n'y avait pas de temps à perdre.

Levant la tête, il observa attentivement les déambulations du chien à une trentaine de mètres de l'auberge.

« Ajax ! » le héla-t-il.

Le chien s'immobilisa et tourna la tête dans sa direction.

Plus de doute, c'était bien le chien de Fabrice. Le voir roder seul par ici était alarmant. Quelque chose clochait.

Après avoir amadoué l'animal avec des paroles apaisantes et l'avoir fait monter dans sa voiture, histoire de pouvoir procéder à une approche silencieuse du chalet, il démarra.

Il dissimula sa voiture suffisamment loin pour que d'éventuels aboiements ne donnent pas l'alerte en cas de danger à l'intérieur. Il avait récupéré, sous la roue de secours, son *Desert Eagle*... Flingue des grandes occasions.

Arrivé, après moult précautions, à l'endroit même où s'était tenu Ajax, il vit par la fenêtre un individu. Un truand. S'apprêtant à utiliser une arme... Et ses amis en très, très mauvaise posture...

Dans une telle configuration, Taisho ne pouvait faire qu'un choix épuré... Simple. Zen...

One shot, one kill.

Il profita que l'homme qui lui tournait le dos brandissait son poignard bien au-dessus de sa tête, l'agitant face à Zoé. Il faisait le malin, en jouant avec elle.

Un *BANG* énorme retentit lorsque le Japonais appuya sur la détente du *Desert Eagle*.

Le poignard se désintégra.

Quatre doigts arrachés.

L'instant d'après, Taisho était déjà à l'intérieur.

L'homme en joue.

Frappé de stupeur, Anton fixait ce Japonais, surgi de nulle part, qui venait de lui déchiqueter la main.

Malgré la douleur et le sang qui coulait, Anton restait silencieux. Seule sa lividité parlait pour lui.

Il n'eut pas le temps d'apprécier la fulgurance et la précision d'horloger du coup de crosse que Taisho lui asséna entre les deux yeux.

Il tomba comme un baobab déraciné. KO pour un bon moment...

Taisho alla refermer la porte et prit au passage le grand plaid en boule sur le canapé pour couvrir Zoé.

— Je vais arracher ton bâillon. T'es prête ?

Elle hocha la tête... Il en profita pour tirer un coup sec sur l'adhésif.

Elle poussa un cri aigu.

— Voilà ! Pas besoin d'épilation avant un mois !

— Connard !!!... Merci...

Fabrice sembla soudain sortir de sa léthargie.

— Putain ! Mais c'est quoi ce bordel ? Qu'est-ce qui se passe ici ? Qu'est-ce que tu fous là, Taisho ? D'où tu connais Zoé ? Et ce mec qui allait la charcuter et qui cherche le corps de ma femme ! Qui c'est ??? Je comprends rien merde ! Merde et merde !!!

Taisho se tourna vers Fabrice en levant l'index. Il resta ainsi, figé, muet pendant plusieurs secondes. Fabrice attendit... Fabrice se calma.

— On va tout t'expliquer... D'abord, je te détache. Je colmate ta plaie. J'interroge le charcutier et là tu comprendras.

Mais je te préviens, ça risque de faire mal. Très mal.

Taisho s'exécuta.

Une casserole d'eau glacée versée sur la tête d'Anton ligoté à son tour sur une chaise et il eut vite fait de revenir à lui. Zoé qui avait résumé la situation à Taisho était aussi allée chercher de nouveaux vêtements dans la chambre. Fabrice, assis sur une chaise à côté de Taisho, battait fébrilement la mesure de son pied droit.

Le Japonais avait posé son pistolet à terre et tenait dans sa main un couteau papillon. Il regardait Anton avec une absence totale d'émotion et annonça au masque haineux qui lui faisait face :

— Mes amis m'ont expliqué le petit jeu auquel tu te livrais avant que j'arrive. On va donc continuer et cette fois, c'est toi qui donnes les réponses. C'est drôle non ? Ah... j'oubliais. Pas de *joker* ! Je pose une question, je veux LA réponse. Si ce n'est pas LA bonne réponse, je ne coupe pas un doigt ou deux de ton autre main. Je les coupe tous d'un coup. Un homme de main sans doigts... ça ne ferait pas très sérieux, hum ?

Anton, scruta le visage du Japonais. Il ne fallut qu'une demi-seconde à ce cerveau pourtant faiblement peuplé en neurones pour être certain qu'il ne bluffait pas.

Ce type était un tueur, c'était évident.

Ce qui ne l'était pas du tout, c'était d'où il sortait...

Putain ! Pourquoi Félix ou Cassandre ne lui avaient-ils pas parlé de ce psychopathe ?

Faisait chier !

Trop tard... ! Et tant pis pour leur gueule.

Alors, il déballa tout, dans les grandes lignes...

Fabrice se leva en hurlant :

— Tu vas la fermer !!! Tu mens ! TU MENS !!! Fumier...

L'homme de main ricana et lança méchamment :

— Ben si mon pote ! Ta femme était une suceuse de bites ! Cassandre m'a donné une petite vidéo, sur mon téléphone, de ta chère femme... ça te ferait forcément parler qu'elle m'a dit.

Fabrice balança son pied de toutes ses forces dans la poitrine d'Anton, l'envoyant valdinguer... Il se précipita sur la parka pliée sur le canapé, fouilla fébrilement dans les poches et trouva finalement le *smartphone*...

— Nooon ! hurla Zoé... Fais pas ça Fabrice !

Les yeux plissés sous la douleur, il visionnait déjà la scène.

Sa femme avec un latino… Puis… Et…

Mâchoire crispée, Fabrice jeta violemment le téléphone au sol. Il l'écrasa d'un coup de talon, comme un vulgaire cafard avant de laisser exploser sa rage :

— Bande de fumiers !!! Qu'est-ce que vous avez fait à ma femme ? Elle était pas comme ça... !

L'autre, toujours au sol, riait cyniquement...

Fabrice se rua sur le pistolet de Taisho et tira trois balles groupées en plein cœur.

Zoé écarquilla les yeux avant de hurler :

— Bordel, Fabrice ! Mais qu'est-ce que t'as fait ?

Taisho se leva, impassible.

— Zoé, on se calme… Pas de panique. « Le son de la cloche ne va pas plus vite que le vent. » Si Fabrice ne l'avait pas fait, c'est moi qui aurais liquidé cette pourriture. On n'avait pas le choix ! Ils vont rechercher leur type, il fallait l'éliminer. Il faudra maintenant que Fabrice disparaisse à son tour. Ce corps va nous servir...

Fabrice, debout, les fixait. Une lueur, inconnue de Zoé,

brillait dans le regard de cet homme qui se tenait devant elle.

— Si vous avez autre chose à m'annoncer, c'est le moment !

Zoé et Taisho lui montrèrent alors le contenu de la carte micro-SD des lunettes de Céline.

À la fin, d'une voix sourde, Fabrice affirma :

— Je vais tous me les faire ! Ils vont payer d'avoir bousillé Céline !

Il s'empara à bout de bras d'une chaise qui vint s'écraser contre le buffet. Loin de se calmer, Fabrice saccagea le rez-de-chaussée, dans un accès de rage. Détruisant même sa maquette minutieusement assemblée. Alors que Taisho s'apprêtait à le maîtriser, Zoé l'en dissuada d'un mouvement de tête. La violence devait s'exprimer.

Au bout de cinq minutes, dans un état second, Fabrice finit par s'effondrer sur une marche d'escalier puis leva la tête et regarda Zoé et Taisho l'un après l'autre. Après cette explosion de fureur aveugle, les interrogations venaient.

— Mais si Cassandre a assassiné Céline… pourquoi toutes ces images dans ma tête ? Pourquoi j'ai cru moi-même l'avoir tuée ?

Zoé pesa ses mots avant de commencer.

— Au fil des séances d'hypnose, Cassandre a pu prendre le contrôle de ton esprit. En s'aidant apparemment de quelques hypnotiques, mélangés à l'alcool, expliqua-t-elle simplement. Elle t'a plongé dans un brouillard volontaire. T'a collé toutes ces visions dans le crâne.

Fabrice ne fut tout d'abord pas surpris par ces révélations avant de réagir à nouveau vivement.

— Putain ! Mais comment j'ai pu me montrer si crédule ?

— C'est le pouvoir de la suggestion sous hypnose, Fabrice… Dans cet état, on peut prendre le contrôle du cerveau d'un individu, ce que j'ai moi-même fait pour te sortir de l'emprise à laquelle tu étais soumis. Les suggestions sont quelquefois tellement puissantes qu'elles peuvent remplacer un comportement dérangeant par un plus adéquat… Et également remplacer des événements par d'autres pour manipuler un individu.

Fabrice secoua la tête de dépit.

Comment avait-il pu se montrer si faible ?

— J'aurais pourtant dû me rappeler que la CIA avait aussi recours à l'hypnose en association au penthotal, endormant le cerveau pour mieux le pénétrer et le modeler. Les agents peuvent alors à loisir, soit faire parler un ennemi, soit induire en lui une autre vérité si vraisemblable qu'elle peut devenir plus réelle que la réalité elle-même.

L'Histoire regorgeait de cas similaires de manipulations mentales…

Pourtant…, il savait tout cela depuis bien longtemps. Il avait été formé, à l'armée, à résister à la pression psychologique. Mais il était tombé dans le panneau comme un débutant…

Il s'en voulut, en même temps qu'il comprenait. Toutes les pièces éparses du puzzle s'assemblaient si facilement.

— Inutile de t'en vouloir. Le pouvoir de l'esprit est immense et l'emporte parfois sur la raison…

Zoé devait aller jusqu'au bout :

— Ces flashs durant lesquels tu croyais tantôt avoir accompagné Céline à la gare pour une visite chez ses parents, tantôt l'avoir tuée en la bousculant n'étaient que des images mentales induites par Cassandre durant l'hypnose… Des images solidement implantées sous ton crâne par la psychiatre, Fabrice…

— Je me suis fait manipuler comme un bleu, ragea le légionnaire dont la fureur déformait les traits.

Zoé pourtant ne s'inquiétait pas. La colère était normale. Elle participait à l'éveil et aiderait Fabrice à retrouver sa lucidité.

— C'est une professionnelle. Elle savait ce qu'elle faisait et avait tous les atouts en main. Céline s'est certainement elle aussi laissé manipuler par sa soi-disant amie. C'est la raison pour laquelle tu ne la reconnaissais plus. C'est l'une des causes de ses… dérapages. Jusqu'à ce qu'elle découvre ce qu'elle aurait mieux fait d'ignorer. Le dossier Bruchkov. Cette sordide affaire de prostitution dans laquelle mouillaient Félix, Cassandre, et de gros mafieux. Tout est sur la carte SD. Céline a pris soin de numériser les fichiers. Tu verras…

Fabrice resta encore un moment sonné. À digérer les informations qui lui venaient en vrac. Une pièce pourtant manquait :

— Mais toi, Zoé ! Comment le hasard a pu te conduire jusqu'ici ?

— Pas le hasard, Fabrice… Taisho m'a demandé de venir quand il a découvert que tu étais sous l'emprise de Cassandre. Seules d'autres séances d'hypnose pouvaient te sortir de ton brouillard. Et puis il fallait s'infiltrer chez toi pour retrouver la carte SD.

Fabrice écarquilla les yeux. Il avait toutes les réponses désormais. Une lueur vive traversait à nouveau son regard. Soudain, il se leva d'un bond.

— Il faut que j'aille régler mes comptes !

Taisho posa sa main sur son épaule :

— OK ! Je suis avec toi ! Mais agissons calmement. Il faut un plan d'attaque et pour le moment un plan d'évasion...

L'action fut rapidement planifiée. Taisho demanda à Fabrice de récupérer tout ce à quoi il tenait dans ce chalet : photos, papiers... car jamais il ne reviendrait. *Il allait brûler ici et disparaître de la circulation...*

Zoé et Fabrice le regardèrent sans comprendre.

« Tout du moins, en apparence », ajouta Taisho.

Zoé n'était pas très chaude pour ce projet, mais n'avait rien de mieux à proposer.

— Tu as de l'essence quelque part ? s'enquit Taisho.

— Ouais. Des fûts de 200 litres pour le générateur. Dans l'appentis.

— C'est parfait.

Pendant que Fabrice faisait le ménage dans ses affaires, Taisho et Zoé retournèrent à l'auberge pour récupérer leurs bagages et prendre congé de madame Favre, leur logeuse. Taisho lui était aussi redevable d'un *sencha* et de remerciements pour son hospitalité. Le Japonais y tenait.

De quoi laisser le temps à Fabrice de digérer les derniers événements. Ils furent de retour une demi-heure plus tard.

Alors que Taisho pénétrait dans le chalet avec des *jerricans* remplis au passage, il fut lui-même saisi d'une interrogation :

— Petit détail... Pour le chien... On fait comment ? Si Fabrice est supposé griller ici, il faut qu'il y ait son chien avec lui !

— T'inquiète, répondit Zoé. Sur ce point-là, j'ai une idée...

Une heure plus tard, le corps d'Anton était installé de tout son long sur le canapé du salon. À ses pieds, ils avaient couché le loup empaillé remonté de la cave.

Qui ferait la différence entre des ossements carbonisés de loup et ceux d'un chien dans une classique affaire de suicide ?

Fabrice s'était immolé dans son chalet ? Cela simplifierait les choses… À commencer pour les gendarmes…

Sauf peut-être de Cassandre et Félix qui chercheraient en vain des traces de leur tueur à gages…

Ce serait le premier pas vers la vengeance.

Touche finale à la scène, le chalet copieusement arrosé d'essence et, juste avant de sortir, la bouteille de gaz ouverte ainsi que la bougie allumée sur le vieux buffet.

Cela leur laissait le temps de quitter les parages pour rejoindre le plateau de Caussols, chez Taisho.

Fabrice s'engageait désormais sur un nouveau chemin.

Une nouvelle voie.

Sans regret.

Chapitre 31

Plateau de Caussols

C'est au petit matin qu'ils arrivèrent sur le plateau de Caussols, après avoir franchi le col prophétiquement nommé « Col de la femme morte ». La bergerie où vivait Taisho se nichait au cœur d'un pâturage parsemé de rochers sculptés par l'érosion. Alentour, des grottes et gouffres nombreux. Une région aride et sauvage recouverte par la neige à cette époque de l'année.

Dès qu'il eut posé le pied à terre, Fabrice demanda à voir le corps de sa femme et resta enfermé plusieurs dizaines de minutes dans le cellier où était remisé le congélateur.

Il faisait le deuil de celle qu'il avait connue, bien avant qu'elle ne rencontre Cassandre…

Bien avant Cannes.

Les minutes s'étiraient, aussi longues que des heures. Un recueillement d'une teneur particulière étant donné les circonstances.

Puis, Fabrice sortit. Ferma la porte du cellier.

Deuil d'un idéalisme perdu…

Sa silhouette de vieux chêne foudroyé se découpa dans l'encadrement de la porte du salon. Sentiments une fois de plus verrouillés.

Taisho espérait que son ami pourrait puiser dans son chagrin pour se forger une véritable armure. Une armure dont il aurait besoin pour combattre. Bientôt.

Zoé songeait aux ravages d'une douleur gardée intérieure. Il lui faudrait l'extérioriser. Elle serait là pour l'y aider.

Aucun mot ne fut prononcé. La présence de ses deux amis suffit à soutenir Fabrice. Une communion muette, mais palpable.

Ajax restait prostré aux pieds de son maître, comme s'il comprenait cette douleur invisible que les animaux fidèles parviennent si bien à ressentir et à partager.

Taisho savait ce qu'il lui restait à faire.

Il échangea quelques mots avec Fabrice puis, durant deux jours, les deux amis piochèrent et creusèrent une galerie à la diagonale d'un bloc de roche puis s'enfermèrent de longues heures dans l'atelier de Taisho. Ils fabriquèrent le cercueil.

Vint ensuite le moment de rendre son dernier hommage à Céline. Fabrice songea à ses beaux-parents qui n'apprendraient jamais la vérité sur l'assassinat de leur fille. Ni ne pourraient venir se recueillir sur son lieu de sépulture. Il ne pouvait rien leur dire.

Mais, avaient-ils vraiment envie de connaître la vérité ?

Fabrice se souvenait, amer, qu'ils avaient toujours fait passer leur vie mondaine, les convenances et leur confort bourgeois avant le bien-être et l'épanouissement de leur fille qu'ils avaient cherché à façonner à leur image.

C'était sans doute cruel. Ce serait pourtant ainsi. Ses beaux-parents ne sauraient rien.

Si ces deux êtres bornés adoraient citer la Bible à tout bout de champ, ils avaient censuré le passage dérangeant dans lequel le Christ annonce qu'il est venu apporter le glaive[6]...

---

[6] *« Ne croyez pas que je suis venu apporter la paix sur la Terre. Je ne suis pas venu apporter la paix, mais le glaive. Oui, je suis venu séparer l'homme*

En effet, eux ne feraient rien. Ils ne comprendraient rien.

Fabrice n'avait donc pas le choix.

Il assuma ce nouveau poids sur sa conscience, sans remords.

Le troisième jour, les trois amis quittèrent la bergerie avant le lever du soleil. Fabrice et Taisho portaient sur leurs épaules le cercueil. Zoé les précédait, leur éclairant le chemin à l'aide d'une lampe torche. Ajax était à la traîne, tête et oreilles baissées, comme s'il comprenait le sens de cette funèbre procession.

Le cercueil fut glissé dans la cavité que les deux hommes avaient percée, à flanc de rocher, bouchée ensuite par des gravats et du ciment puis recouverte de terre tassée.

Ils restèrent figés là, dans le silence, de longues minutes, jusqu'à ce que le soleil levant les sorte de leur torpeur. Ils redescendirent alors d'un pas lourd vers la bergerie. Taisho et Zoé marchaient derrière Fabrice qui n'avait pas décroché un mot. Pas versé une larme.

Impossible de savoir à quoi il pensait à ce moment-là.

Taisho, inquiet, espérait qu'il trouverait la force de se relever. Zoé le rassurait. Cette épreuve était terrible pour lui, mais paraissait avoir servi de révélateur.

D'électrochoc.

Il se relèverait, elle en était persuadée.

Le soir, elle prit congé des deux amis, ne pouvant différer plus longtemps son retour. Elle rejoindrait l'hôpital Laveran

---

*de son père, la fille de sa mère, la belle-fille de sa belle-*mère : on aura *pour ennemis les gens de sa propre maison.* » Jésus à ses apôtres dans l'*Évangile selon Matthieu.* 10,34 où d'autres soldats avaient besoin d'elle. Boss, son *Rhodesian* de dix ans, devait également attendre sa maîtresse avec impatience chez l'amie qui le gardait.

Fabrice prit ses deux mains dans les siennes au moment de lui dire au revoir, souhaitant lui témoigner sa reconnaissance. Ses lèvres bougeaient. Pourtant, aucun son ne sortait. Zoé rompit le silence :

— Je sais Fabrice. Le chemin est encore long, mais tu n'es plus tout seul.

— Merci, eut-il seulement la force de répondre.

Zoé acquiesça d'un mouvement de tête et s'engouffra dans son véhicule.

Ne pas faire durer la séparation.

Fabrice tourna immédiatement les talons pour ne pas voir la voiture s'éloigner.

*
* *

Taisho laissa son ami digérer sa douleur, sa rage, son découragement et sa haine pendant quatre jours et quatre nuits.

Le cinquième jour, Fabrice était décidé à passer à l'action.

Levé à six heures du matin, douché et habillé, il se tenait, une tasse de café à la main, dans cette grande pièce austère qu'il avait du mal à nommer « salon ». Ajax se trouvait à ses côtés.

Pour la première fois depuis son arrivée ici, il prêta attention au lieu. Il ne connaissait pas grand-chose à la culture japonaise, mais ce qu'il voyait là lui semblait correspondre à l'image que l'on s'en faisait à travers les films et les livres.

Tatamis, calligraphies sur papier de riz au mur, table basse et coussins, petit autel garni de baguettes d'encens dans une alcôve... Il ne pensait pas que son ami était si attaché à ses racines. En fait, il s'aperçut qu'il ignorait beaucoup de choses de Taisho.

Il découvrait petit à petit une personnalité plus complexe que celle du soldat qui avait partagé avec lui les dangers des opérations militaires. Plongé dans ses pensées, il ne l'avait pas entendu entrer dans la pièce.

Vêtu d'un long kimono de coton noir, il salua Fabrice d'un signe de tête et lui dit :

— Laisse le café. Tu vas nous préparer le thé.

— Bah... Tu sais Taisho, le thé c'est pas vraiment mon truc...

— Pas ton truc ? Il ne s'agit pas de savoir si c'est ta « tasse de thé » ! Il s'agit de comprendre que ce rituel du thé va te réapprendre à être complètement à ce que tu fais. T'aider à te réapproprier la pleine conscience de tes sensations dans l'instant présent. Nous parlons là de sérénité ! Thé, zen et bushido, c'est la même attitude.

Fabrice se demandait où il voulait en venir avec ses cours de cuisine alors que Taisho poursuivait son laïus.

— Tu vois cette calligraphie, là au-dessus du réchaud en fonte ? Cela signifie : « Le thé a la même saveur que le zen ». Tu comprends ?

Non, décidément, c'était toujours du chinois, aurait voulu répondre Fabrice s'il n'avait craint de froisser son ami. Il avait la rage au ventre et seul lui importait dans l'immédiat de régler ses comptes avec les coupables.

— Écoute Taisho, comment je pourrais être serein quand les assassins de ma femme sont là-bas, à Cannes, en train de se la couler douce ! Je dois aller venger Céline ! Peut-être qu'après je serai plus serein, comme tu dis !

— Pour finir en prison, Fabrice ? Ce serait aussi ridicule que d'aller dénoncer Cassandre et Félix à la police et les voir dehors au bout de dix ans, sans doute moins... Pour autant qu'il y ait un procès... Avant d'agir, il faut réapprendre à te canaliser. Et agir intelligemment. En respectant un Code qui exclut la boucherie aveugle. La haine est incompatible avec le désir de vengeance. Même l'État quand il veut se venger invoque un Code. Le Code pénal... le Code de la guerre... peu importe ce qu'il invoque. Il lui faut juste une raison à présenter au peuple. Donc pas de carnage. L'art peut être en toute chose. Même dans la guerre...

— L'art dans la guerre ! Là tu déconnes ! C'est pas à toi que je vais décrire les horreurs de la guerre, Taisho !

— Et c'est pas à toi, Fabrice, que je vais apprendre que pour nous, l'art de la guerre c'est, pour le karaté « un coup, un mort », pour les *snipers* « One shot, one kill ». Une action juste, épurée, efficace. Dépourvue de haine. Loin de toute idée de massacre... Dans le zen, l'art n'est pas la beauté, mais cette simplicité qui nous fait sentir le réel avec exactitude. Sans fioriture... « Un vieil étang, une grenouille plonge, plop. » L'illustration par le haïku. Peut-être pas au goût des Occidentaux. De l'art pur pour nous.

— Bon, admettons... Et ton plan, alors ? On va les laisser profiter de la vie pendant que ma femme croupit six pieds sous terre !

— Nous allons tout simplement nous occuper en premier

de ton état d'esprit. Ensuite de ta condition physique. En dernier, nous envisagerons un plan d'action. Pour l'instant, retiens seulement ceci : le *chadô*, ou la voie du thé te permettra d'atteindre l'état d'ataraxie, la paix de l'âme, pour peu que tu en mesures le sens. Comme les samouraïs avant toi… Une nécessité pour apprendre à faire le tri entre le superflu et l'essentiel… Et surtout à « ne vouloir que ce qui dépend de toi ».

Sa première leçon débuta. Taisho lui montra comment répartir les braises de charbon de bois pour faire chauffer l'eau. Écouter le frémissement de l'eau pour déterminer la bonne température. Verser l'eau avec la louche en bambou sur le thé *matcha* en poudre… Le fouetter. Prendre le bol… Déguster, tous les sens en éveil.

Fabrice regardait sans trop comprendre. C'était quoi ce discours ? Ce rituel ?… Comme si Taisho avait lu dans ses pensées, il ajouta :

— Allez ! Ne fais pas cette tête ! La bonne nouvelle, c'est que notre passage chez les bérets verts a laissé une empreinte indélébile dans nos corps et nos esprits. Tu n'as donc pas tout à réapprendre… On ne va pas passer des années à te faire retrouver les bons réflexes. Dis-toi que toute la boue qui t'est tombée dessus a durci. Elle t'a emprisonné. Transformé en statue… En bloc de marbre. Alors, on va faire comme le sculpteur… Tailler. Épurer. Afin que tu puisses renaître. Plus fort encore.

Fabrice le regardait avec des yeux ronds.

Il délirait ou quoi ?

Et puis, d'où détenait-il cette « sagesse » ? Ce savoir ? Très inhabituel dans la bouche d'un ancien légionnaire…

Taisho le taiseux ne lui en dit pas plus... C'est Zoé qui lui apporterait des réponses lorsqu'elle repasserait à Caussols, dix jours plus tard, pour saluer ses amis.

Fabrice l'interrogerait discrètement alors sur la part de mystère qui nimbait Taisho. Qui était-il vraiment ? Quelle était son histoire au juste ?

— Ce serait bien trop long à te raconter en détail, lui répondrait-elle lors de cette discussion.

… Pour faire court, Taisho a été élevé dans une contrée montagneuse du Japon, à proximité d'un monastère zen. Une mentalité d'un autre siècle que celle de ses parents ! Cela l'a marqué, crois-moi. Il a reçu d'eux une éducation stricte pétrie de Shintoïsme et du culte des *Kamis*. Plus tard, il a fait des études philosophiques dans une université de Tokyo et a approfondi sa pratique des arts martiaux. Kendo, karaté… Long séjour chez les yakuza ensuite dont je ne te parlerai pas plus. Non seulement je n'en sais pas davantage moi-même. Il est d'ailleurs fortement déconseillé d'en savoir trop, surtout pour les *Gaijns*, les étrangers. Je sais juste que ça s'est mal terminé et qu'il a été contraint à l'exil à Paris chez un oncle restaurateur. Il a cru trouver sa voie dans la Légion qu'il a également quittée, dégoûté. Mais cela, tu le sais déjà. Voilà l'essentiel.

Zoé était repartie le dimanche. Fabrice et Taisho avaient repris l'entraînement.

Leurs journées suivantes furent partagées entre rééducation physique, discussions et temps de méditation.

Dès 7 h du matin, footing sur la ligne de crête. Ajax près de son maître. Toujours fidèle.

Les premières fois, Fabrice avait couru avec ses tripes,

exorcisant sa haine.

Ensuite, il s'était mis à courir pour lui-même, découvrant dans ces moments une quiétude intérieure nouvelle pour lui. Améliorant simultanément ses performances de manière tout aussi inédite.

« Se conquérir soi-même, c'est conquérir l'adversaire[7] »... Cela devint pour lui une évidence.

Retour ensuite à 9 h pour le cérémonial du thé qui vint définitivement remplacer l'alcool.

Un rituel dont Fabrice commençait à comprendre le sens. La tranquillité d'esprit qui lui était inhérente, le respect entre l'hôte et son invité, la sobriété et la simplicité de la cérémonie lui rappelaient les idéaux qui devraient gouverner le monde.

En même temps qu'il découvrait la beauté d'un bol en terre cuite de forme irrégulière, le *wabi*, bol unique et patiné par le temps, le *sabi*, Fabrice apprenait à rejeter le superflu, l'artificiel, autant dans les objets que dans les personnes et leurs rapports. La vérité et l'authentique face au factice et au mensonge.

Le reste de la journée était consacré à la musculation, la lecture du *Hagakure* pour s'imprégner du Code d'honneur des samouraïs et l'entraînement au tir.

Réapprendre à toucher une cible à 200 mètres avec un fusil à lunette. Puis à 500 et enfin 1000 mètres.

Affronter le froid, comme la chaleur extrême, sans sourciller.

---

[7] Citation du maître bouddhiste Takuan Soho.

Maîtriser ses doutes et ses peurs. Ses démons intérieurs.

Dominer la souffrance physique en pratiquant le kendo. Taisho ne ménageait pas les coups de *shinai*, douloureux, ce malgré le *men*, son casque de protection. Plus le corps endolori de Fabrice s'éveillait de l'engourdissement, plus sa souffrance psychologique s'estompait et son esprit s'aiguisait, révélant son nouvel Être.

À mesure qu'il découvrait la sérénité de l'âme, à mesure qu'il découvrait puis approfondissait le zen, les gestes lui revenaient avec plus d'assurance que jamais.

L'harmonie du corps et de l'âme. Il n'y avait rien de plus vrai, son ami avait raison.

Et avec cela, toujours plus d'endurance et de précision.

La rage laissa ainsi place à la volonté de Justice. L'action juste. *Rei* pour les samouraïs.

Et la seule voie juste était celle du Talion.

Œil pour œil, dent pour dent.

La seule action véritablement équitable dans ces circonstances.

Taisho le lui avait fait comprendre au fil de tous ces mois. « Laver le sang par le sang » est une voie qui n'est possible que si elle est exempte de toute haine. Seulement guidée par le sens profond de l'éthique.

L'essence de la Justice n'est pas dans les images qui permettent le consensus parmi les prisonniers de la caverne, mais dans ce qui est universel et intemporel, disait Taisho en se référant à Platon. La vengeance, c'est l'absolu de Justice. La Justice qui n'a pas peur d'aller jusqu'au bout de sa mission, ajoutait-il aussi.

Des mois durant lesquels son ami avait tâché de conduire

Fabrice sur la bonne voie.

Mais il n'était qu'un guide. Fabrice devait devenir son propre maître s'il voulait se dépasser et se muer en guerrier.

Prêt à affronter ses adversaires.

Un *rônin*, comme il l'était lui-même devenu dans la lignée de ses ancêtres.

Cinq mois après, Fabrice cessa l'entraînement. Taisho savait qu'il avait parfaitement intégré la principale règle du bushido : « La rectitude est le pouvoir de décider sur une certaine ligne de conduite en accord avec la raison, sans vaciller... de mourir quand il est juste de mourir, de frapper quand il est juste de frapper ».

Il était prêt.

Prêt à suivre la voie.

Quelle qu'en soit l'issue.

Chapitre 32

Côte d'Azur

Après avoir vainement cherché Anton…

Après avoir découvert avec effarement le suicide de Fabrice, dont on avait retrouvé les restes calcinés dans son chalet… Immolé avec son chien.

Et parce qu'ils n'avaient trouvé aucune explication à ces deux mystères imbriqués…

Parce qu'aucun autre grain de sable n'était venu enrayer les rouages de leur petite vie tranquille… Cassandre et Félix finirent par tourner la page.

Félix était toujours accaparé par de nouveaux dossiers sensibles qu'il « désensibilisait » en un clin d'œil avec ses magouilles ordinaires. Cassandre, elle, avait retrouvé ses habitudes entre ses patients désorientés et sa relation tumultueuse avec le procureur. Et les autres…

Il lui était également nécessaire de décompresser dans des échappées en solitaire.

Ce matin-là, comme bien souvent, elle prit le temps de déguster son *expresso*, attablée en terrasse du *Café Roma* à l'angle de la Croisette à Cannes. Le printemps était revenu, et avec lui l'afflux de touristes, surtout en ce tout début de mois de mai, quelques jours seulement avant l'ouverture du festival.

Cela ne la gênait pas. Elle aimait se fondre dans l'agitation de la fête, en solitaire, à observer les humains… Tentant de deviner leur pathologie à leurs vêtements, leur démarche ou leur expression. Car en chaque homme sommeille un malade, Cassandre le savait bien.

Le client d'à côté, par exemple, jeune type nerveux, tatoué et percé qu'elle scrutait discrètement derrière ses lunettes noires depuis un moment était assurément *borderline*. Et elle se trompait rarement.

Elle souffla la fumée de sa cigarette qui s'éleva en tourbillonnant. Volutes évanescentes.

C'était la seule cigarette qu'elle fumait. Celle du matin, accompagnée de son café. Elle tira une seconde bouffée en savourant cet instant.

Devant elle, un quotidien national était ouvert à la page des faits divers.

Un gros titre bien visible : « Ces étudiants qui disparaissent après une soirée arrosée ».

En effet, depuis quelques années, de nombreux jeunes hommes, souvent ivres et revenant d'une fête, se volatilisaient en pleine nuit avant que leur corps sans vie ne soit retrouvé dans un cours d'eau. Fréjus, Avignon et de nombreuses autres villes dans l'Hexagone avaient été la cible. Aucun témoin, aucun mobile.

L'enquête concluait systématiquement à un accident, mais la similitude et la récurrence de ces malheureux accidents étaient à l'origine de la rumeur d'un *serial killer*. On lui avait même trouvé un surnom… « Le foss-noyeur… »

« Le foss-noyeur »… Ah, ah… Très drôle ! soupira Cassandre en levant les yeux au ciel. Sauf que ce ridicule sobriquet collait mal avec le profil de l'éventuel *serial killer*…

C'était d'un risible… Quel manque de psychologie !

Elle écrasa sa cigarette dans le cendrier et observa le palais des festivals qui s'élevait devant elle. Ces marches que tant de stars avaient gravies… Si banales pourtant en apparence… Quand on enlève le tapis rouge et le public, rien d'impressionnant dans ce bâtiment des années 80, si semblable à d'autres. Et pourtant, combien d'inconnus rêvaient de fouler le prestigieux tapis, s'élevant vers la gloire ?…

Mais il y avait maints autres moyens d'accéder à la gloire.

Cassandre avait trouvé le sien.

Le seul qui lui procurait sérénité.

Ce soir, elle irait à nouveau à la rencontre de son destin. Ce n'était pas la première fois.

Elle revêtirait alors une tenue féminine, mais sobre et prendrait la route au volant de sa berline, on ne peut plus banale elle aussi.

Sa destination ? Imprévue, comme toujours.

Elle se laisserait guider par le hasard. C'était tellement plus excitant.

Seule certitude, elle choisirait une boîte de nuit. De centre-ville de préférence. Dans une ville d'eau. Rivière ou port au choix. Cassandre aimait l'eau, la raison pour laquelle elle s'était installée à Cannes. Ce en dépit de la fin tragique de son père, mort noyé dans la piscine familiale. *Un malheureux accident*, sourit Cassandre.

Pour ce qui était de son cavalier de soirée, c'est le hasard encore qui le choisirait pour elle.

Seules certitudes, il serait solitaire, comme elle.

Comme elle, il se rendrait à la fête à pied.

Contrairement à lui, elle ne serait pas bourrée. Il lui faudrait garder les idées claires.

Quand tout serait fini, elle rentrerait à Cannes dans son véhicule si semblable à d'autres.

Et demain matin, elle viendrait à nouveau déguster son *expresso* au *Café Roma*.

En revanche, elle ne se délecterait pas des gros titres comme aujourd'hui. Trop tôt encore…

Elle savourerait par contre le sentiment de toute-puissance et d'invulnérabilité qu'elle ressentait depuis de nombreuses années déjà. Depuis la mort de son géniteur, plus exactement.

Chaque fois, le crime parfait… Sans mobile apparent.

Juste le plaisir de tuer.

C'était le même sentiment de puissance et de contrôle qu'elle avait éprouvé cinq mois auparavant quand elle avait brisé les vertèbres de Céline.

La pauvre, ricana froidement Cassandre.

Épilogue

Saint-Jean-Cap-Ferrat s'étirait à la pointe extrême des Alpes Maritimes.

Presqu'île tant prisée.

Paradis des milliardaires.

Une avancée indécente venue défier la Méditerranée.

Sur la plage privée, à l'abri des regards, la fête battait son plein. Les convives foulaient le sable une coupe à la main. Les femmes dans leur robe de soirée. Les hommes, habillés en pingouins.

Tout était prêt pour le final.

Au nord, bien au-dessus d'eux, les falaises grises déroulaient leurs dents acérées, affûtées comme des poignards.

Au sommet de l'une d'entre elles, à 950 mètres de la plage, un homme concentré à l'extrême.

Allongé sur la roche plate et nue, parfaitement dissimulé sous un camouflage couleur rocaille, il scrutait la côte à l'aide de ses jumelles. Attendant patiemment pour donner le signal.

Soudain, il les vit se pavaner, main dans la main, au cœur de l'arène.

Il passa son coup de fil…

Deux minutes après, il vit son transporteur s'approcher d'eux, le colis en main.

Il imaginait la stupeur de ces deux pourritures.

Cassandre s'empara du paquet qu'elle ouvrit sans attendre, seulement mue par la curiosité. Félix à ses côtés.

À l'intérieur, un dossier.

Et au-dessus, une liste, que l'on croyait à tout jamais détruite.

La liste.

Et au centre, tracé au feutre rouge, un cercle barré d'une croix…

Une cible !

Fabrice put observer, dans la lunette de son fusil de précision, les deux visages incrédules.

Leur tête dressée pour scruter l'horizon.

En toute quiétude, il eut le temps de lire la peur dans leurs yeux.

Pour lui, aucune haine. Aucune joie. Aucune appréhension, non plus.

L'entraînement intensif de ces derniers mois avec Taisho lui avait intégralement fait retrouver son professionnalisme.

L'armée lui avait appris à tuer de parfaits inconnus avec efficacité et sang-froid. La simple étiquette « ennemi » était amplement suffisante pour les cadrer dans sa lunette de *sniper*. L'unique but étant de les éliminer. Mobile évident.

Pour ces deux ordures, les choses étaient différentes.

Non seulement, ils avaient tué Céline et détruit leur vie à tous les deux, mais comble de violence extrême, ils avaient piétiné son humanité. Nié sa liberté de sujet pour la transformer insidieusement et à son insu en simple objet de plaisir.

Simple jouet-objet que l'on casse et que l'on jette.

Aucun tribunal ne possède de lois adéquates pour réparer

la violence d'un tel préjudice.

Un viol de l'âme.

En souvenir de la femme qu'il avait connue, aimée et épousée...

Celle d'autrefois.

Et pour toutes les autres « Céline » anonymes et non vengées...

...il allait réparer ce déséquilibre.

Pour que le plateau de la loi ne penche pas toujours et encore du côté des gagnants, il allait emprunter la voie du talion...

Désormais vide total dans son esprit. *Tout acte pensé est un acte raté.*

Le bout de son index appuya une première fois sur la gâchette...

Bruit métallique de la douille éjectée sur la roche.

Sa lunette de visée encadra aussitôt la deuxième tête...

Bruit familier de la seconde balle s'engageant dans la chambre du fusil de guerre. Culasse. Détente... Deuxième bruit de douille.

Deux coups, deux morts.

Visage impassible.

Fabrice replia consciencieusement son matériel et s'évanouit dans la nature. Arrivé dans son véhicule, il envoya un simple SMS à Taisho.

Devoir accompli.

Puis, il arracha la puce du téléphone prépayé et la détruisit.

Fin de partie. Sans mobile apparent...

Seulement alors il leva les yeux vers l'horizon.

Le bleu ciel-mer éclaira son regard.

Ses yeux cessèrent de scruter en dedans…
Dehors, plus loin…
Il tourna la clé de contact.
En avant…

Remerciements

Alors qu'est venu le moment de conclure, nous souhaitions remercier nos relecteurs qui se reconnaîtront, notamment Brigitte et Valérie, fidèles depuis la première édition de *La voie du talion*. Et bien sûr notre famille et nos enfants qui supportent notre imagination quelquefois débordante !

Un grand merci aussi à tous ceux qui nous soutiennent depuis nos deux premiers romans, que ce soient les libraires ou anciens libraires (nous pensons tous particulièrement à la Librairie *Plumes & Images* de Tonnerre, au *Dormeur du Val* de Chauny, au *Corbac* et à Romain...), la presse (*L'Yonne Républicaine*, *Radio Plus* et Christophe Sueur, *France Bleu Auxerre* et Yoann Kerpédron, *Info Saint Martin*...), les bibliothèques municipales et départementales qui se reconnaîtront, les chroniqueurs, blogueurs, booktuber, devenus des amis pour certains d'entre eux... Benedict Mitchell (*Les Lymbes des Maux*), Jean-Michel Isebe (*Polarmaniaque*), Jean-Marc Le Faou, Lolo Brodeuse (*Pause Polars*), Séverine Lenté (*Il est bien ce livre*), Eppy Fanny, Cédrik Armen, Sonya (*Serial Reader/Liseuse en série*), Rachel (*Les mots de Gaïange*), Loley Read, Laulo, Charlène, plus connue sous le pseudonyme *Chacha*..., Cassiopée, Delp La Biliovore, Mélie (*The Love Book*), Jessica (Livres Addict), Guillaume (*Tribulations d'une vie*), Anaïs Serial lectrice, Élise, Ophélie, Célina (*Mango & Shamallow*), *Des livres et des bulles*, Maria, Claire, *Les rats de bibliothèque*, *Les Livres d'Ali*, *Isa NaturalTales*, *Totaly Brune*, Aurélie (*Les livres en folie*), *Les lectures de Maryline*, *Camille et ses livres*, *L'évasion et les mots*, *Collectif Polar*, Ludovic et le blog *Dora-Suarez*, Laurent, Florence

Thriller, Dr Whoo, Kabaret Kulturel, Isa Bel Stoelen…

Une pensée émue à tous nos lecteurs dans leur ensemble, dont certains nous ont fait des retours bouleversants que nous n'oublierons pas… Marie-Claire, Isabelle, Pascale, Claire, Joël, Cécile, Corinne, Ludivine, Florence, Lydie, Marianne, Déborah, Amélie, Mickaël, Claire, Linda, Emeline, Yannick, Stéphanie, Patrick, Georgette, Blandine, Lionel, Lucile, Sandrine, Jean-Michel, Estelle, Raid Wolf, Martine, Frédéric, Mimi, Claudie, Lucrèce, Anne-Gaëlle, Laurence, Denis, Virginie, Bruno, Tata Castor, Josiane, Alexia, Manoue, aux lecteurs issus des groupes sur *facebook* et à tous les anonymes qui ont lu nos précédents romans.

Une dernière pensée toute particulière et réciproque d'Alexandra à sa « moitié » et d'Erik à la sienne car, si ces deux moitiés ne s'étaient pas réunies, *Kiaï* n'aurait pas vu le jour…

Enfin, si comme nous vous avez le cœur gros au moment de quitter Fabrice, Taisho et Zoé, sachez que vous pourrez les retrouver, dès le mois de juin 2018, dans *Kiaï*, un nouveau thriller édité au format poche aux Éditions Souny dans la collection « Plumes Noires ».

Nous vous disons donc à très vite ! ;-)…

Pour nous suivre : http://alexandra-coin.com (ou notre page facebook et notre compte twitter)

DES MÊMES AUTEURS...

À DÉCOUVRIR...

Entraves :

Emma, à la suite d'une tentative de suicide, se retrouve internée en hôpital psychiatrique.

Comment sa vie si bien réglée de mère de famille a-t-elle pu basculer du jour au lendemain ?

Dans ce lieu de pénitence, elle s'efforce de comprendre.

Elle est convaincue que son mari l'a manipulée. À moins qu'elle n'ait des choses à cacher...

Très vite, tout dérape.

Tiraillée entre sa conscience et le discours tranquillisant de son psychiatre, elle doute. À qui faire confiance ?

Alternant flash-back et scènes d'hôpital, Entraves décrit un monde où la perversion n'est pas forcément là où on l'attend et la lucidité pas davantage...

Et si c'était elle la responsable ?

Un roman noir, diaboliquement rythmé, sur la perversion narcissique, la manipulation et la psychiatrie.

Ils ont lu et apprécié :

Coup de cœur de la chroniqueuse Laurence Destribats (« Lolo Brodeuse ») dans *Le Parisien* (26 février 2017) : « Un roman [...] qui nous tient en haleine du début à la fin. »

« Entre thriller psychologique, roman noir et descente infernale, un roman poignant de vérités et qui a l'effet d'un gros coup de poing dans la tronche tant la violence qu'il dépeint est insidieuse et dévastatrice. » Bénédicte, *Les lymbes des Maux* (organisatrice du Salon des « Mines noires » et des « Géants du Polar » de Douai)

« Une énorme claque. J'ai adoré ! Ce roman traite du thème de la perversion narcissique et, mon Dieu que c'est intelligemment bien fait dans ce bouquin ! Une superbe lecture ! » Séverine LENTÉ. *Il est bien ce livre.*

« Un énorme coup de poing en plein gueule ! Ce titre a été un roman détonateur pour moi. [...] Je vous conseille de lire ce livre. » Cédrik ARMEN. *Je trempe des romans dans mon café.*

Retrouvez Fabrice, Taisho et Zoé dans *Kiaï* en juin 2018 aux Éditions Souny, Collection « Plumes Noires » :

Un violent incendie a ravagé un orphelinat religieux. Les pensionnaires sont évacuées et Marie, l'une des jeunes filles, est placée d'office en psychiatrie à Auxerre. À des centaines de kilomètres de là, à l'exception des morts qu'il a laissés derrière lui et des années qu'il a passées dans la Légion comme tireur d'élite, rien ne distingue Fabrice des autres habitants de ce village en pays cathare où il s'est désormais retiré. Jusqu'au jour où Peter Wolff, son vieux complice de randonnée, biker au look de Viking et prêtre défroqué, va attirer sur eux les foudres d'un groupe activiste catholique. Les méthodes de l'Inquisition renaissent de leurs cendres. En quoi cette croisade mortelle concernerait Marie ? Pourquoi elle seule pourrait y mettre un terme ?